Gesundes Wohnen

Thomas Wieke

GESUNDES WOHNEN

Schadstofffrei und ökologisch

Inhaltsverzeichnis

6 Was wollen Sie wissen?

11 Wohnen und Wohlfühlen
12 Wie wohnen wir?
16 Kein Handeln ohne Analyse
17 Macht mein Haus mich krank?
18 Wie definiert man Gesundheit?
21 Risikopotenziale in Haus und Wohnung
22 Hausstaub – nicht nur für Allergiker lästig
29 Feinstaub – kleinste Partikel, großes Problem
35 Warum mögen wir keinen Schimmel?
43 „Der Schimmel braucht drei Dinge"
45 Die schwarze Wand

53 Luft, Licht und Wärme
54 Luftqualität in Innenräumen
56 Wie gut ist die Innenraumluft?
64 Gesundes Raumklima – von der NASA getestet
69 Luftreiniger
72 Lüften will gekonnt sein
78 Lüftungstechnik
81 Wer muss lüften? Mieter gegen Vermieter
83 Licht und Wärme
86 Wie wirkt Tageslicht?
92 Hausgemachte Probleme und wie man sie löst

97 Gesund schlafen
102 Das beste Schlafklima
105 Ungebetene Gäste

113 Gesundes Klima in Küche und Bad
114 Die Küche – Familientreffpunkt und Gefahrenquelle
122 Unfallgefahren in der Küche
124 Gesundheit im Bad
129 Alles fließt …
131 Bessere Luft im Bad

116

Kaffeevollautomaten die unsichtbare Brutstätte von Pilzen und Bakterien

149

Gesundheitsrisiken in der Mietwohnung – Wer muss sich kümmern?

136

„Sommerluft macht den Keller feucht." – Grundregeln für richtiges Trockenlüften

24

...nfach und effizient –
...oden wischen mit dem
...wei-Eimer-Prinzip

155

Gefährliches Erbe:
Wenn bei Sanierungen
Asbest aufgedeckt
wird.

106

Hausstaubmilben
im Schlafzimmer –
Was können
Allergiker tun?

**133 Keller, Speicher, Hof
und Garten**
134 Feuchter Keller?
139 Ungebetene Besucher
unterm Dach
143 Der Müll vor der Tür

**147 Sanieren und Reno-
vieren**
149 „Die konkrete Gefahr ist
entscheidend."
150 Problemstoffe – meist alte
Bekannte
162 Gesundheitsschutz beim
Renovieren
164 Neue Bauprodukte
168 Farbe ist nicht gleich Farbe

170 Hilfe
170 Weiterführende Literatur
171 Stichwortverzeichnis
176 Impressum

Was wollen Sie wissen?

Was ist gesundes Wohnen heute? Werden nicht inzwischen alle gesundheitsgefährdenden Materialien und Baustoffe per Gesetz verbannt? Vier Aspekte werden in diesem Buch immer wiederkehren: Licht und Beleuchtung, Wärme, Luft und Belüftung sowie die Vermeidung von Schadstoffen und Risiken. Eigenes Verhalten steht im Blickpunkt. Präventives Verhalten in erster Linie: Denn wenn ich verhindern kann, dass gesundheitsschädliche Zustände eintreten, muss ich sie hinterher nicht beseitigen.

Was bedeutet heute eigentlich Wohngesundheit?

Ist die Abwesenheit von Umweltgiften schon gleichbedeutend mit gesundem Wohnen? Auf jeden Fall ist sie eine Voraussetzung dafür. Einerseits verlieren Probleme, die mittlerweile gelöst sind, und Gesundheitsrisiken, die vor 20 Jahren akut waren, in neueren Gebäuden an Bedeutung. Andererseits rücken neue Probleme in den Fokus: Fogging-Effekte beispielsweise, das heißt Wände, die sich plötzlich schwarz färben, ohne dass im Verhalten des Wohnungsnutzers ein erkennbarer Grund dafür vorliegt (siehe Seiten 45 ff), werden erst seit etwa 20 Jahren beobachtet – ausschließlich in neu gebauten oder durchgreifend modernisierten Wohnungen. Müssen wir unser Wohnverhalten ändern?

Welche Probleme bringen dichte Gebäudehüllen?

Welche Folgen haben die neuesten energetischen Gebäudestandards auf die Wohngesundheit? Früher waren Fenster und Türen nie ganz dicht. Der entstehenden Luftzug half, mögliche Schadstoffbelastungen, etwa durch Formaldehyd, zu verdünnen. Welche Auswirkungen auf die Gesundheit aktive Lüftungsanlagen mit ihren Filtern und Rohrsystemen haben, ist noch nicht genug erforscht. Und: Dezentrale Lüftungstechnik schafft künstliche Zugänge durch eine grundsätzlich dichte Gebäudehülle. Machen wir also wieder undicht, was wir vorher abgedichtet haben? Hat das Auswirkungen auf die Energieeffizienz?

Wir haben eine aktive Lüftungsanlage mit einer Filteranlage. Dürfen wir jetzt die Fenster nicht mehr öffnen?

Gesundes Wohnen wird mehr und mehr – um einen Modebegriff zu gebrauchen – ganzheitlich empfunden. Wohnen wird erlebt. Zum Beispiel beim Lüften. Die hygienisch erforderliche Luftwechselrate lässt sich bestimmen. Physikalisch lässt sie sich berechnen und in einer Lüftungsanlage planen. Aber das Erlebnis, nach einer Familienfeier die Fenster weit aufzureißen und einen Schwall Frischluft in den Raum einzulassen, gehört eben auch dazu. Die konventionelle Methode der „Stoßlüftung" müsste deshalb eigentlich viel emotionaler als „Erlebnislüftung" bezeichnet werden – und dieses Erlebnis bleibt auch mit einer Komfortlüftungsanlage selbstverständlich Bestandteil der Wohnqualität.

Und warum klagen so viele Mieter in ihren neuen oder frisch sanierten Wohnungen über Schimmelprobleme?

Nicht die neuen Standards sind verkehrt. Doch ihre Wechselwirkungen mit unseren überkommenen Verhaltensweisen werden oft nicht beachtet. Das betrifft vor allem so Elementares wie Heizen und Lüften: Wie oft? Wie lange? Auf welche Weise? Womit? (siehe auch Kapitel „Warum mögen wir keinen Schimmel?" ab Seite 35). Diese Fragen sind nicht nur in der Heizperiode, vornehmlich im Winter, von Bedeutung. Im Sommer kann es doch nicht schaden zu lüften, oder? Trifft bei den meisten Wohnungen zu. Allerdings werden wir feststellen, dass wir etwa im Keller umso mehr Feuchtigkeit eintragen, je unbedachter wir die Kellerräume im Sommer lüften. Schimmelbildung ist die Folge. Doch auch da kann ein cleveres Verhalten Verbesserungen bewirken.

Schaden die Emissionen aus Bauprodukten? Wie kann ich Risiken feststellen? Und wie werden Risiken bewertet?

Richt- und Grenzwerte für gesundheitsrelevante Belastungen verändern sich laufend. Das Buch ist kein Katalog aktueller Grenzwerte, wird aber auf Risiken aufmerksam machen – auch auf solche, deren Bewertung noch nicht abschließend getroffen ist. Für die eigenen Wohnräume werden aber in den meisten Fällen keine gesetzlichen Normen festgelegt. Dennoch kann man sich im Interesse der eigenen Gesundheit an den hohen Standards orientieren, die aus arbeits- und umweltmedizinischer Sicht beispielsweise für Büro- oder Schulräume gelten. Warum sollten Sie sich zu Hause selbst freiwillig schlechter stellen als im Büro oder im Gewerbebetrieb mit gesetzlich festgelegten Grenzwerten?

Und vor allem: Was kann ich selber tun? Und was geschieht, wenn ich selber etwas tue?

Zunächst sollte man wissen, womit man es im Bestand zu tun hat. Und wenn ich etwas erneuere, kann ich durch die Auswahl der Bauprodukte mitbestimmen, was sich künftig in meiner Wohnung befindet. Das reicht von Farben bei der Renovierung bis zu Raumtextilien und Fußbodenbelägen. Es gibt allerdings Arbeiten im Bestand, die man besser zertifizierten Fachbetrieben überlassen sollte.

Insbesondere beim Umgang mit Baustoffen zweifelhaften Ursprungs, die im Bestand angetroffen werden, sollte man stutzig werden. Selbst erfahrene Heimwerker erkennen das Risiko manchmal nicht. Asbest beispielsweise ist nicht einfach erkennbar, wenn er sich in Klebern und Isolationsschichten verbirgt. Oft gibt das Alter des Bauteils einen Hinweis, dass Vorsicht geboten ist.

Wir sanieren gerade unsere alte Wohnung und fragen uns: Woraus besteht eigentlich die Spachtelmasse, die vor 40 Jahren in die Unebenheiten verfüllt wurde?

Das dramatischste Beispiel zu diesem Fragenkomplex: Asbest. Seit 1993 sind in Deutschland die Herstellung, das Inverkehrbringen (wie es in schönstem Amtsdeutsch heißt) und die Verwendung von Asbest und asbesthaltigen Produkten verboten. Schätzungen haben aber ergeben, dass sich etwa 80 Prozent der bis zum Verbot verbauten asbest-haltigen Bauprodukte noch immer im Bestand befinden. Renovierungen oder Sanierungen sind also typische Gelegenheiten, ihnen wiederzubegegnen (siehe: „Sanieren – Alte Bekannte"). Das gilt auch für weitere alte Bekannte – von Azeton bis Xylol. In Klebern und Holzschutzmitteln, die seinerzeit verwendet wurden, können sie enthalten sein.

Wohnen und Wohlfühlen

Immer größer wird die Anzahl der Patienten, die ihre Beschwerden auf Umwelteinflüsse zurückführen. Mit diesem Problem beschäftigt sich die klinische Umweltmedizin. Sie muss insbesondere auch der Frage nachgehen, ob Einflüsse aus der Wohnumwelt für Symptome verantwortlich gemacht werden können.

→ **Wie wohnen wir?** Und was ist ein Innenraum? Dem französischen Kaiser Napoleon wird ein Aphorismus über das deutsche Klima zugeschrieben, der in verschiedenen Schärfegraden überliefert ist. In seiner schärfsten Fassung lautet er: „Die Deutschen haben neun Monate Winter und drei Monate keinen Sommer."

Sieht man einmal davon ab, dass die deutschen Klimabedingungen durchaus auch für einen guten Teil Frankreichs gelten, und nimmt man die Übertreibung als Mittel der Verdeutlichung hin, so stößt man auf eine Wahrheit, die nicht von der Hand zu weisen ist: Das Klima in Deutschland lädt nicht dazu ein, den größten Teil unseres Lebens unter freiem Himmel zu verbringen. Die Angehörigen einer überschaubaren Anzahl von Berufsgruppen einmal ausgenommen, findet auch unser Arbeitsleben ganz überwiegend in geschlossenen Räumen statt, in Fabriken, Werkstätten, Praxen, Büros, Lagerhallen, Hörsälen, Schulen usw. Dasselbe gilt für unsere Freizeit. Wir verbringen den größten Teil des Tages in Innenräumen.

Wie wohnen wir?

Unsere Art zu wohnen sagt viel über unser Leben aus. Wir wohnen heute anders als vor 100 oder vor 50 Jahren. Wohnstandards und Wohngefühl verändern sich – auch in Zukunft.

Schon im Jahr 2002 stellte ein Fachautor im Hinblick auf unsere Art zu wohnen verwundert fest: „Es zählt zu den erstaunlichsten Erfahrungen der letzten Jahrzehnte, dass trotz täglichen Umgangs mit der Technik in vielerlei Gestalt, vom Auto bis zum Mikrowellenherd, vom Computer bis zum Elektronikspielzeug, viele Bürger nicht gerüstet waren, auf die veränderten Raumluft- und Temperaturverhältnisse in ihrer Wohnung zu reagieren, wie die Notwendigkeit zum Energiesparen sie mit sich brachte."

Mietern wie Vermietern, Wohnungseigentümern und Verwaltungen fehlen oft elementare bauphysikalische Kenntnisse über die Anforderungen eines modernen Wohngebäudes. So kommen dann oft praxisferne Ratschläge zustande wie die Empfehlung, die Wohnung täglich sechsmal für je 15 Minuten zu lüften. Die meisten Bewohner müssten, wollten sie dieser Empfehlung folgen, einen „Lüftboy" anstellen.

Was wir unter gesundem Wohnen verstehen wollen, geht über die Herstellung oder Erhaltung des gesunden Raumklimas hinaus. Aber auch andere Fragen, die in diesem Buch erörtert werden, zum Beispiel mögliche Schadstoffeinträge von außen oder Schadstoffemissionen aus Baustoffen, Holzbauteilen einschließlich Möbeln oder Raumtextilien, wirken oft auf das Raumklima zurück.

Im Mittelpunkt stehen Empfehlungen zum eigenen Handeln. Denn einen Großteil der Ereignisse, die unsere Gesundheit beeinträchtigen können, inszenieren wir selbst: sei es, dass wir Fehler beim Heizen und Lüften machen, sei es, dass wir mit Putz- und Reinigungsmitteln mehr Probleme schaffen, als wir damit beseitigen, sei es, dass wir mit mangelnder Ergonomie bei der Einrichtung unseren Wohnkomfort unbewusst selbst einschränken.

Behaglichkeit?

Behaglichkeit ist ein Schlüsselbegriff, wenn es heute ums Wohnen geht. Behaglich soll es dort sein, wo wir uns wohlfühlen, wo wir mit unseren Lebensumständen zufrieden sind, wo Gegensätze ausgeglichen sind. Das Wohlbefinden in den eigenen vier Wänden wird nicht nur durch die individuelle Einrichtung, sondern auch durch das Raumklima beeinflusst. Und da hat sich im Vergleich zur Urgroßelternzeit, der Zeit von

1900 bis 1960, einiges verändert. Nicht nur an den Wohnstandards selbst, auch am individuellen Erleben dieser Wohnstandards lässt sich der Epochenwandel ablesen.

Wohnen – einstmals …

Man kam aus der Winterkälte, stieg die Stufen zum Hochparterre hinauf in ein Vorhäuschen, das die Haustür, die niemals ganz dicht schloss, vor Wind und Schnee schützen sollte. Der Flur war natürlich unbeheizt. Links hinauf schwang sich eine Treppe zum Dachgeschoss, das nur teilweise ausgebaut war, rechts lag hinter geschlossener Tür das Wohnzimmer, die „kalte Pracht", wo nur sonntags geheizt wurde. Daran schloss sich das Schlafzimmer an, das überhaupt nicht beheizt wurde – nicht einmal am Sonntag. Im Flur legte man widerstrebend den Mantel ab, obwohl man dabei fror und ihn lieber anbehalten hätte. Geradezu ging es in die große Küche, den eigentlichen Wohn-, Arbeits- und Aufenthaltsraum, wo eine große eiserne Kochmaschine bullerte. In der Küche traf einen die Hitze wie ein Hammerschlag. Man riss sich auf der Stelle den Strickpullover vom Leib, den man noch unter dem Mantel getragen hatte. Man trat von 10 °C in eine Zone, in der mindestens 25 °C herrschten, man trat aus dem Winter direkt in den Sommer.

Sofort schloss man die Tür, um nichts von der Wärme entweichen zu lassen. Der Küchenofen, der Wärmequelle und Kochmaschine zugleich war, strahlte unglaublich

Die Expertenmeinung

Wohngesundheit ist das Vermeiden von extremen Kontrasten. Der Schlüsselbegriff ist Ausgewogenheit. Was heißt das im konkreten Fall?

Die Wohnung muss groß genug sein, dass ich sie meinen Bedürfnissen entsprechend nutzen kann. Aber nicht so groß, dass sie mir über den Kopf wächst. Die Lage der Wohnung ist wichtig. Liegt sie vielleicht in einem Gewerbegebiet? Oder in einer Zone, wo Dauerlärm herrscht? Stresst es mich, morgens den übervollen Bus zu nehmen, um zu meiner Arbeit zu kommen? Das sind Momente, aus denen Spannungen entstehen.

Einige dieser Momente sind offensichtlich, andere sind es nicht. Zum Beispiel die Frage der Temperierung. Dass man im Winter falsch heizt, dagegen kann man selbst etwas tun. Ein klassischer Spannungsfall ist eine zu große Temperaturdifferenz zwischen der Raumluft und den Oberflächen der Bauteile, die mich umgeben.

Ekkehardt Weyrauch, Architekt

Empfohlene Raumtemperaturen

Raum	Temperatur
Wohnzimmer und Aufenthaltsräume	20 bis 23 °C
Schlafzimmer	17 bis 20 °C
Küche	18 bis 20 °C
Bad	20 bis 23 °C
Toilette	16 bis 19 °C
Flur	15 bis 18 °C
Fitnessraum	18 bis 19 °C

viel Hitze ab; ein wenig tiefer im Raum spürte man die Kühle der Außenwände und den Luftzug vom Fenster. Wirklich schlimm wurde es in dem Moment, wenn man die Komfortzone verlassen und zur Toilette gehen musste. Hatte man Glück, war das Gebäude bereits so weit modernisiert, dass sich die Toilette im Haus befand und man nicht hinterm Haus oder im Hof die Tür mit dem ausgeschnittenen Herzchen suchen musste. Aber über den kalten Flur musste man doch; treppab, neben der Waschküche, in der wochenends der Badeofen angeheizt wurde, befand sich die Toilette. Dort herrschten Temperaturen, die gerade noch die Leitungen davor bewahrten, auf der Stelle einzufrieren.

Wohnen – heute …

Man kommt aus der Winterkälte, steigt die Stufen zum Hochparterre hinauf, durchschreitet die Haustür aus thermoisoliertem Sicherheitsglas, sie schließt perfekt. Man betritt den Flur, der natürlich wohltemperiert ist. Links hinauf schwingt sich eine Treppe zum Obergeschoss, rechts öffnet sich der offene Wohnbereich. Das frühere Schlafzimmer wurde ins Obergeschoss verlegt. An der Flurgarderobe legt man die Thermojacke ab, bevor man ins Schwitzen kommt. Geradezu geht es in die Küche, die sich zum Wohnbereich hin öffnet, der Küchenmittelblock signalisiert: Hier ist nicht nur die Kochstelle, sondern auch ein Ort der Kommunikation. Eine Küchentür gibt es nicht. Man befindet sich im gesamten Erdgeschoss in einer Behaglichkeitszone, die mit 21 °C angenehm warm, aber nicht überheizt ist. Dank der Fußbodenheizung hat man das Gefühl, dass die Wärme überall ist und nicht gegen eine kalte Fläche anstrahlen muss. Die Innenwände des bestens isolierten Hauses wirken keineswegs kalt. Die Fenster lassen viel Licht hinein, aber keinen kalten Luftzug. Man kann sie zwar öffnen, muss es aber nicht, denn die Innenraumluft wird mittels kontrollierter Wohnraumlüftung kontinuierlich umgewälzt. Die Gästetoilette im Erdgeschoss ist genauso angenehm warm wie der Rest der Etage. Treppab geht es in den Hobbyraum der Familie, der selbstverständlich beheizt ist. Einen direkten Zugang gibt es auch zur Tiefgarage, sodass selbst die bei-

Warm angezogen
Der Philosoph Georg Wilhelm Friedrich Hegel (1770–1831) im Hausmantel in seinem Arbeitszimmer. Lithografie nach einem Gemälde von Julius Ludwig Sebbers

den Fahrzeuge warm und trocken stehen. Auch im Obergeschoss, wo sich das Tageslichtbad der Familie befindet, herrscht die gleiche definierte Temperatur.

50 Jahre liegen zwischen beiden Hauserlebnissen. Das erste Haus, gebaut 1923, bot noch 1967 Gelegenheit, das oben Geschilderte zu erleben. Das zweite Haus, 90 Jahre später und nach den aktuellsten geltenden Standards errichtet, umfängt einen sofort mit unbegrenzter Behaglichkeit. Aber intensiv erleben kann man in ihm nichts mehr. Keine Notwendigkeit, sich am überheizten Ofen aufzuwärmen, weil man noch friert. Warum den Schritt beschleunigen auf dem Weg über den Flur zur Toilette, wenn der Flur ebenso warm ist wie alle übrigen Räume? Warum Türen schließen? Das Haus von 1923 war ein Haus voller Gegensätze, manchmal Vivace, manchmal Adagio, viel piano, aber auch ein hitziges Fortissimo. Das Haus von 2013 ist vom Hobbykeller bis zum Dachfirst Andante mezzoforte.

Die meisten Menschen werden sich in einer modern ausgestatteten Wohnung wohlfühlen. Es wird aber immer auch Menschen geben, die in einer solchen Wohnung das wohlige Gefühl vermissen, sich aus der Winterkälte an einen warmen Kachelofen geflüchtet zu haben. Oder das Fenster weit aufzureißen und einen Schwall Kaltluft in den Raum zu lassen, selbst wenn ihnen dabei für einen Moment fröstelig wird – eben weil ihnen dabei fröstelig wird.

Mit der Veränderung der Wohnverhältnisse verändern sich auch unsere Wohnbedürfnisse – und umgekehrt. Richtig ist aber auch: Es gibt allgemein empfohlene Raumlufttemperaturbereiche (siehe Tabelle auf Seite 14). Diese Empfehlungen stellen jedoch nur Näherungswerte dar. Letztlich liegt es immer an den baulichen Besonderheiten des jeweiligen Hauses oder der Wohnung sowie an den individuellen Vorlieben der Bewohner, bei welchen Temperaturen man sich wohlfühlt, das Raumklima als „behaglich" wahrnimmt.

Tatsache ist: Es gibt nicht das behagliche Raumklima. Und es gibt nicht die eine Wohngesundheit. Was so empfunden wird, hängt von der individuellen Verfassung jedes Einzelnen ab: Wie alt er ist, wie empfindlich er auf Umweltreize reagiert, wie aktiv er sich in der Wohnung bewegt, welche Kleidung er trägt usw. Und bei aller Nostalgie und der Sehnsucht nach dem unmittelbaren Wohnerlebnis: Man sieht auf alten Gemälden oft, dass bedeutende Persönlichkeiten in ihren Wohnräumen einen Gehrock, ja sogar einen Hausmantel tragen. Man kann von diesen Darstellungen indirekt auf das Klima schließen, das in den Wohnräumen herrschte. Das wird man heute im Ernst nicht vermissen.

Kein Handeln ohne Analyse

Würden Sie von Ihrem Arzt erwarten, dass er sofort zum Operationsbesteck greift, wenn Sie mit Magenbeschwerden zu ihm kommen? Sicher nicht. Üblicherweise wird Ihr Hausarzt eine Anamnese erheben. Die Krankengeschichte ist die Grundlage der Diagnose.

Bei vermuteten oder vermeintlichen Gesundheitsgefährdungen beim Wohnen sollte eigentlich genauso vorgegangen werden. Wenn Sie einen Verdacht haben, irgendetwas könnte im Haus oder in der Wohnung unter gesundheitlichen Aspekten nicht mit rechten Dingen zugehen, werden Sie nicht sofort zu Hammer und Meißel greifen und auch keine teuren Geräte kaufen, von deren Wirkung Sie gar nicht überzeugt sein können, bevor Sie nicht genau wissen, wogegen sie wirken sollen und/oder was an Positivem sie damit bewirken wollen. Zuerst erheben Sie eine Art Anamnese: Was wissen Sie über das Haus oder die Wohnung? Was hat Ihnen der Vormieter/Vorbesitzer mitgeteilt? Was weiß die Verwaltung? Welche Informationen haben Sie (sofern es ein Neubau ist) vom Bauträger oder ausführenden Architekten bekommen?

Immer wenn Sie an einem Punkt nicht weiterkommen, gibt es einen Spezialisten (wie in der Medizin den Facharzt), der als Nächstes konsultiert werden kann. Im Fall umweltmedizinischer Bedenken, etwa bei vermuteten Emissionen aus Baustoffen, Bauteilen, Möbeln und Ähnlichem, treten kommunale Behörden auf den Plan, die Ihnen auch entsprechende Prüflabore oder Kontakte zu Umweltmedizinern vermitteln.

Macht mein Haus mich krank?

Patienten kommen mit außerordentlich vielfältigen Beschwerden zum Arzt. Die klinische Umweltmedizin muss sorgfältig abwägen zwischen möglichen Umweltbelastungen und konkurrierenden Erklärungsoptionen für Erkrankungen und Befindlichkeitsstörungen.

Neben Anamnese, klinischer Untersuchung und Differenzialdiagnose sind nach strenger Indikationsstellung auch Analysen von Körperflüssigkeiten, Ortsbegehungen und Umgebungsanalysen vorzunehmen bzw. in die Bewertung einzubeziehen.

Aus einer Reihe von Gründen wächst das Bedürfnis, den Einfluss von Umweltfaktoren bei der Entstehung von Krankheiten zu diskutieren.

Umweltmediziner gehen nach einem bestimmten Analyse- beziehungsweise Recherchemodell vor, das vier Faktoren betrachtet. Nicht alle diese Faktoren stehen mit der Wohnung oder dem Wohnumfeld in Zusammenhang. Aber diese Systematik ist dennoch nützlich, wenn man sich zunächst selbst ein Bild über mögliche Gesundheitsrisiken machen oder Einflussfaktoren definieren will, die gesundheitlich relevant sein können.

1. **Expositionsort:** Wo können die Umwelteinflüsse auf die Gesundheit eingewirkt haben? (Zum Beispiel: Wohninnenraum, Wohnumfeld, Arbeitsplatz, Kindergarten/Schule, Kraftfahrzeuginnenraum)

2. **Quelle:** Woher können belastende Substanzen oder Umstände stammen? (Zum Beispiel aus Abfall, von Altlasten oder Deponien, aus Baustoffen, aus Bekleidung oder Raumausstattung, von Schmuckstücken, aus Rückständen von Industrie und Gewerbe, aus Dentalwerkstoffen, vom Straßen-, Schienen- oder Luftverkehr, aus der Strom-, Wärme- oder Wasserversorgung)

3. **Belastungspfad:** Wie kommen belastende Substanzen oder Umstände zum Patienten? (Zum Beispiel mittels Trinkwasser, Badewasser, Oberflächenwasser, Boden, Außenluft, Innenraumluft, Lebensmittel, Strahlungsemissionen, sonstige Medien)

4. **Belastungsfaktoren:** Was beeinträchtigt die Gesundheit? (Zum Beispiel Allergene, Amalgam, Asbest, künstliche Mineralfasern, Dämpfe/Gase/Rauch, Dioxine/Furane, elektromagnetische Felder, Formaldehyd, Gerüche, Holz-

schutzmittel, Lärm, Lösemittel, Metalle/Schwermetalle, Ozon, PCB, Pflanzenbehandlungs-/Schädlingsbekämpfungsmittel, Radioaktivität, Raumklima, Staub, Schimmelpilze, UV-Strahlung, sonstige Belastungen)

Die gute Nachricht ist: Grundsätzlich ist das Risiko für gesundheitliche Beeinträchtigungen durch das Wohnen relativ gering. Namhafte Umweltmediziner konnten durch die Auswertung verschiedener Studien, die Bewertung einschlägiger Literatur und aufgrund eigener praktischer Erfahrungen die Feststellung treffen, dass die meisten Patienten, die eine umweltbedingte Krankheit für sich selbst befürchteten, in Wirklichkeit an den Folgen einer anderen Grunderkrankung litten. Das waren beispielsweise Erkrankungen des Atmungssystems, Hauterkrankungen oder Magen-Darm-Erkrankungen. Anhaltspunkte für eine umweltbedingte Erkrankung fanden sich nur bei bis zu 15 % der Patienten.

Wie definiert man Gesundheit?

Wenn man sich mit der Frage der Wohngesundheit beschäftigt, muss man den Begriff der Gesundheit erst einmal definieren.

Die meisten Menschen betrachten Gesundheit als den Normalzustand, als die Regel, Krankheit hingegen als die Abweichung vom Normalen, als Ausnahme.

Die Weltgesundheitsorganisation (WHO) definiert Gesundheit so: „Gesundheit ist ein Zustand des vollständigen körperlichen, geistigen und sozialen Wohlergehens und nicht nur das Fehlen von Krankheit oder Gebrechen." Auch diese Definition hat ihre Tücken. Sie stammt von 1946 und bringt mehr gute Absichten als Wirklichkeit zum Ausdruck. Denn nach dieser Definition gibt es auf Erden wahrscheinlich überhaupt keine gesunden Menschen. Immerhin macht die WHO-Definition deutlich, dass zur Gesundheit auch psychische und soziale Komponenten gehören.

Neben der WHO-Definition existieren noch einige andere Bestimmungen des Gesundheitsbegriffs. Die meisten dieser Definitionen orientieren sich an unterschiedlichen Gesundheits-Normwerten. Die Crux eines normativen Ansatzes: Sobald man die Normwerte verändert, können Millionen Menschen, die sich eigentlich gesund und

Ohne Licht, Luft und Sonne
Heinrich Zille zeichnete einen typischen Hof im Berliner Scheunenviertel. Er illustrierte das Gegenteil davon, was wir heute unter gesundem Wohnen verstehen.

munter fühlen, über Nacht zu Patienten werden, deren Gesundheit gefährdet ist. Und umgekehrt kann eine – sagen wir – liberale Handhabung bestimmter Grenzwerte oder Neuinterpretationen von Risikofaktoren dazu führen, dass Umstände, die bislang als gesundheitsgefährdend galten, nun als unbedenklich interpretiert werden.

In den Gesundheitswissenschaften – das sind die wissenschaftlichen Disziplinen, die sich im weiteren Sinn mit der Gesundheit befassen und insbesondere die geistigen, körperlichen, psychischen und sozialen Bedingungen von Gesundheit und Krankheit untersuchen – hat sich ein Gesundheitsbegriff etabliert, der sich an das Konzept der Salutogenese des Soziologen Aaron Antonovsky anlehnt. Salutogenese könnte man mit „Gesundheitsentstehung" übersetzen. Antonovskys Konzept untersucht die Faktoren, die zur Entstehung und Erhaltung von Gesundheit beitragen, und es beschreibt die dynamischen Wechselwirkungen zwischen diesen Faktoren. Entscheidend ist: Gesundheit wird nicht als Zustand aufgefasst, sondern als Prozess, dynamisch statt statisch, als Kontinuum und nicht als stabiler Ist-Zustand. Gesundheit ist kein „punktförmiges" Ereignis und auch kein Entweder-oder, sondern eher ein Sowohl-als-auch und eine Kurve in einem Koordinatensystem. Die Bundeszentrale für gesundheitliche Aufklärung hat im Übrigen zur Salutogenese bereits 2001 einen Sachstandsbericht veröffentlicht, der als PDF-Dokument kostenlos heruntergeladen werden kann (www.bzga.de/botmed_60606000.html).

Was hat das mit dem Wohnen zu tun?

Unterschiedliche Definitionen von Gesundheit finden wir auch, wenn diese Gesundheit durch das Wohnen näher bestimmt wird. Kann eine Wohnung mich krank machen? Sie kann. „Man kann mit einer Wohnung einen Menschen genau so töten wie mit einer Axt." Dieser Satz von Heinrich Zille, dem zeichnerischen Chronisten des Berliner „Milieus", stammt aus einer Zeit, als er das soziale Elend und die desaströsen hygienischen Zustände in den Berliner Mietskasernen um 1900 künstlerisch doku-

Die Expertenmeinung

Eine Wohnung kann stressen. Und da man in der Regel in der eigenen Wohnung schläft, kann auch der Schlafmangel mit der Wohnung zu tun haben. Demgegenüber sind Fragen der Intoxikation aus Baustoffen und Ähnlichem eigentlich nachgeordnet. Grundsätzlich sind unsere Wohnbedingungen gesund. Es besteht kein Anlass zu Hysterie oder Panik. Dass dennoch Probleme entstehen können, betrifft vor allem Menschen mit besonderen Sensibilitäten, mit Allergien, Risikogruppen wie etwa Menschen mit Immunschwächen. Und natürlich hängt sehr viel von der eigenen Lebenseinstellung ab: ob man als Couch-Potato seine Zeit mit Chips vor dem Fernseher verbringt und die Wohnung vollquarzt oder ob man ein aktiver Mensch ist, der seine Wohnung als gesunden Lebensraum bewusst gestalten will.

Ekkehardt Weyrauch, Architekt

mentierte. Die Zustände im damaligen Massenwohnungsbau hatten nichts mit dem zu tun, was wir heute unter gesundem Wohnen verstehen. Im Gegenteil: Den Mangel an Licht und frischer Luft in den bis zum Äußersten verdichteten Quartieren, die sanitären Verhältnisse (Toiletten auf der halben Treppe waren schon gehobener Standard; oft befanden sich unsägliche Latrinenbauten auf den Höfen) und die chronische Überbelegungen der Mietskasernen und der einzelnen Wohneinheiten – vielköpfige Familien hausten in einem Zimmer, oft wurden die Betten zusätzlich tagsüber noch an Schichtarbeiter, die sogenannten Schlafgänger, vermietet – würde man heute als „lebensverkürzende Maßnahmen" charakterisieren.

Nun ist hierzulande ein Wohnungselend, wie es in der Zeit um 1900 herrschte, glücklicherweise kein soziales Problem mehr. Aber ist es darum bereits ein Luxusproblem, wenn wir uns auch im 21. Jahrhundert über die Wohngesundheit Gedanken machen?

Was bedeutet „gesundes Wohnen"?

Folgt man der Idealdefinition der WHO im Hinblick auf die Wohngesundheit, dann geht es dabei nicht allein um die Abwesenheit von krank machenden Zuständen (etwa wie die von Heinrich Zille gezeichneten und in vielen wissenschaftlichen Quellen beschriebenen); sondern vielmehr um die Anwesenheit einer möglichst großen Anzahl gesundheitsfördernder Faktoren.

Risikopotenziale in Haus und Wohnung

Unzweifelhaft gelten in Deutschland sehr strenge Vorschriften beim Bauen. Und zahlreiche Bundesbehörden und Forschungszentren beschäftigen sich mit Fragen der Gesundheit in Gebäuden und Wohnungen, schätzen Risiken ab, legen Grenzwerte fest, geben Empfehlungen.

→ **Dennoch ist nicht auszuschließen**, dass sich in einem Gebäude oder in einem seiner Bestandteile Risikopotenziale verbergen, die man bislang noch nicht kannte.

Baustoffe und Chemikalien

Unter Schadstoffen verstehen wir Stoffe und Stoffgemische, die in der Umwelt vorhanden sind oder in die Umwelt gelangen und die sich als schädlich für Menschen, Tiere, Pflanzen und/oder andere Organismen sowie ganze Ökosysteme erwiesen haben. Schadstoffe sind damit noch keine direkten Gifte, aber sie können den menschlichen Körper unter Umständen dauerhaft schädigen und sind deshalb keineswegs harmloser als Gifte. Viele der Risiken sind bekannt. Viele der Schadstoffe sind alte Bekannte (siehe „Sanieren und Renovieren", S. 147 ff.).

Daneben gibt es jedoch auch einige neue Problemfelder, zu denen unter anderem gehören: flüchtige sowie leichtflüchtige organische Verbindungen, Schimmelpilze, Bakterien und andere Keime.

Die Schadstoffe, denen man in einem Gebäude begegnet, kann man in drei Gruppen unterteilen:

1. Anorganische Stoffe (zum Beispiel Gase, Partikel, Faserstäube, Feinstaub, Salze, Schwermetalle und radioaktive Stoffe)
2. Organische Stoffe
3. Biologische Stoffe (zum Beispiel Schimmelpilze, Schwamm, Bakterien)

Aber wie gelangen Schadstoffe überhaupt ins Gebäude? Grundsätzlich ist das nur auf drei Arten möglich: Entweder sie dringen von außen, aus der Umgebung, in das Gebäude ein; oder sie waren bereits in den Baustoffen, in den beim Bau verarbeiteten Materialien (Bauprodukten) oder in den Einrichtungsgegenständen enthalten; oder menschliche Aktivitäten bringen sie in das Gebäude ein und/oder fördern ihre Ausbreitung.

Hausstaub – nicht nur für Allergiker lästig

Der Kampf gegen den Hausstaub ist anstrengender und lang-
wieriger als der Kampf gegen Windmühlen. Vielleicht ist er
sogar noch hoffnungsloser.

Aber was ist Hausstaub eigentlich?

Hausstaub ist eine Sammelbezeichnung für Immissionen, die sich in geschlossenen Räumen ablagern. Umweltrechtlich
handelt es sich dabei um einen Eintrag von
Störfaktoren in die natürliche Umwelt mit
Auswirkungen auf den Menschen. Diese
Störfaktoren können sich aus Mischungen
unterschiedlichster organischer und anorganischer Substanzen ergeben. Sie können
faserförmig oder in Form unterschiedlich
großer Partikel vorliegen. Stark abhängig
sind diese Immissionen von den konkreten
Lebensbedingungen der Bewohner, etwa
von der Anwesenheit eines Haustiers, von
der großräumigen Lage der Wohnung, von
staubfördernden Hobbys oder Ähnlichem.

Außerdem bewohnen wir die Wohnung
nicht alleine, sondern haben – gewollt oder
ungewollt – Mitbewohner, die ihre Spuren,
ihren Abrieb und ihre Überreste hinterlassen. Das können Hund oder Katze sein, aber
auch unerwünschte Haus- und Wohnungs-
genossen wie Zitterspinnen, Silberfischchen
und Hausstaubmilben

Woher kommt der Staub?

Da Staub aus sehr vielen verschiedenen
Substanzen besteht, können auch die Staubquellen sehr verschieden sein. Auf wenigstens zwei unterschiedlichen Wegen findet
der Staub in unsere Wohnung: Er kommt
von draußen und wir erzeugen ihn in den
Innenräumen selbst.

In einer durchschnittlichen deutschen Wohnung entstehen täglich 6,2 Milligramm
Staub pro Quadratmeter. Der statistisch-
typische Deutsche verursacht allein in seiner Wohnung pro Jahr eine Staubmenge
von 104 Gramm.

Als Nutzer einer Wohnung haben Sie es
buchstäblich in der Hand, ob Sie mehr oder
weniger Staub erzeugen:

▶ Wird in der Wohnung Wäsche gewaschen, getrocknet und gebügelt? Oder
wird die Wäsche grundsätzlich außer
Haus gereinigt?
▶ Halten Sie Haustiere in der Wohnung?
▶ Bewegen Sie Raumtextilien wie Gardinen, Vorhänge, Kissen und Möbelscho-
ner täglich?

▶ Machen Sie jeden Tag das Bett, zum Beispiel durch Aufschütteln, Zusammenlegen und Abdecken mit einer Tagesdecke?

▶ Wird in der Wohnung geraucht?

▶ Ist die Wohnung überdurchschnittlich stark frequentiert, eventuell durch häufige Besuche von Bekannten oder durch Besuche von Freunden der Kinder?

▶ Wird die Wohnung mit konventioneller Fensterlüftung belüftet oder mittels einer Kontrollierten Wohnraumlüftung (KWL)?

Hausstaub gilt seit Langem als Indikator für die mögliche Belastung der Wohnung mit Schadstoffen. Ähnlich wie Klärschlamm oder Sediment kann Hausstaub als Senke für viele Chemikalien dienen. Viele Innenraumschadstoffe – vor allem mittel- und schwerflüchtige Schadstoffe – lagern sich an Staubpartikeln an. Jeder Einzelne hat aber auch die Möglichkeit, durch eigenes Handeln den Hausstaub in seiner Ausbreitung zu behindern und damit den Eintrag von Schmutz und Schadstoffen zu reduzieren. Sie sollten daher:

▶ bereits vor der Wohnungseingangstür eine hochwertige Türmatte verwenden, die den Straßenschmutz wirksam von den Straßenschuhen abstreift;

▶ Hausschuhe in der Wohnung verwenden – zumindest für den eigenen Gebrauch;

▶ einen effizienten Staubsauger verwenden, der über wirksame Filtersysteme verfügt, damit nicht der angesaugte

HÄTTEN SIE'S GEWUSST?

Was sich alles **im Hausstaub** findet

Textile Fasern und Fusseln

Haare und Hautschuppen von Menschen und Haustieren

Hausstaubmilben (lebende und tote) und deren Kot

Pflanzenteilchen und Pollen

Lebende und tote Bakterien, Viren, Schimmelpilze, Sporen

Spinnweben

Feinste Gesteinskörnchen (zum Beispiel Straßenabrieb)

Kunststoffabrieb (etwa von Haushaltschwämmen)

Wasch- und Putzmittelreste

Niederschlag von Vulkanausbrüchen, Saharastaub

Reste der Luftverschmutzung

Meersalz

Kosmischer Staub

Unterm Sofa
Lässt man Hausstaub
eine Weile gewähren,
gebiert er – wie aus dem
Nichts – die bekannten
Wollmäuse.

Hausstaub gleich wieder rücklings fein
verteilt in die Luft gepustet wird;

▶ Teppiche wenigstens einmal jährlich
mit Dampf reinigen. Dafür braucht
man einen speziellen hochwertigen
Dampfsauger (siehe S. 27), keinen herkömmlichen Dampfreiniger, mit dem
man bei Fliesen und Kunststoffböden
an den Schmutz geht;

▶ bei der Auswahl der Möbel und Einrich-
tungsgegenstände darauf achten, dass
sie reinigungsfreundlich sind;

▶ nur umwelt- und hautverträgliche Produkte zur Reinigung und Pflege verwenden – nach Möglichkeit Produkte, die
aus einfachen Grundsubstanzen (zum
Beispiel Essig, Schmierseife) zusammengesetzt sind und nicht aus bunten
Chemiecocktails.

▶ nach Möglichkeit, spätestens jedoch
bei der nächsten Renovierung, alte
PVC-Fußbodenbeläge entfernen und
ersetzen.

Eine ganz einfache Putztechnik

Wenn man größere Fußbodenflächen zu reinigen hat, muss man nicht unbedingt auf
Knien durch die Wohnung oder das Haus
rutschen. Inzwischen gibt es nicht mehr nur
Schrubber und Scheuerhader bzw. Feudel
(heute etwas vornehmer Bodentuch
genannt), sondern die segensreiche Erfin-
dung des Wischmopps. Besonders die Vari-
ante mit flachem Klappaufnehmer, Doppelgelenk und aufsteckbarem Wischtuch ist zu
empfehlen. Die aufsteckbaren Wischtücher
sind mit 60 °C zu waschen. Sie lassen sich
lange Zeit verwenden.

Der Wischmopp erlaubt es, dank seines
„Fußgelenks" dem Schmutz immer die gleiche Seite des Wischers zuzukehren. Prakti-
scherweise wird es die hintere, der reinigen-
den Person zugekehrte Seite sein. Man zieht
mit dem Mopp gestreckte Achten oder
Schlaufen; allmählich wird man beobachten
können, wie sich der Schmutz an der hinte-
ren Kante des aufgesteckten Wischtuchs

Macht das Putzen leicht:
Wischmopp mit Doppelgelenk, flachem Klappaufnehmer und aufgestecktem Wischtuch

sammelt. Anders als bei Schrubber und Feudel lässt sich mit diesem Wischmopp leicht vermeiden, dass man den gerade aufgenommenen Schmutz beim Hin- und Herwischen wieder auf der nassen Bodenfläche verteilt.

Und jetzt kommt das Zwei-Eimer-Prinzip ins Spiel. Vor dem Putzen stellt man sich zwei Eimer bereit. In den einen, nennen wir ihn den „roten Eimer", füllen Sie viel Wasser mit der entsprechenden Menge Reinigungsmittel. In den zweiten Eimer, nennen wir ihn den „blauen Eimer", füllen Sie vorerst wenig (nicht mehr als ein Viertel des Füllstands) Wasser.

Der rote Eimer ist der aktive Eimer, der blaue der passive. Im aktiven roten Eimer tränken Sie das Wischtuch des Mopps mit frischem Wasser, bearbeiten dann den Boden, bis das Wischtuch Schmutz aufgenommen hat.

Jetzt wird das Wischtuch im passiven blauen Eimer ausgeschwenkt und von grobem Schmutz befreit und anschließend im aktiven roten Eimer wieder mit Frischwasser getränkt. Und so arbeiten Sie fort.

Auf diese Weise füllt sich der blaue Eimer allmählich mit Schmutzwasser, während das Wischwasser im roten Eimer fast bis zum Schluss nahezu unverschmutzt bleibt. Der Vorteil gegenüber dem Arbeiten mit nur einem Eimer, in dem sich sauberes Wischwasser und Schmutzwasser alsbald vermischen, liegt auf der Hand.

Staubsauger

2016 hat die Stiftung Warentest Bodenstaubsauger für den Haushalt getestet. Von 14 stromsparenden Modellen, die nicht mehr als 930 Watt Energie aufnahmen, schnitten sieben Sauger mit dem Urteil „gut" ab. Gute Modelle sind ab etwa 150 Euro erhältlich; Preise bis 300 Euro sind allerdings nicht ungewöhnlich. Doch garantieren Preise oberhalb von 200 Euro nicht für gute Qualität, wie die Tests nachgewiesen haben. Einen Überblick über die geteste-

Der Testsieger
Der Siemens Z 7.0
VSZ7330 schnitt beim
Staubsaugertest im
Heft „test" 5/2016 am
besten ab.

ten Modelle und ihre Bewertungen gibt das Heft 5/2016 der Zeitschrift „test".

→ Praxistipp beim Saugen

Es lohnt sich, mehr als nur die Standarddüse zu verwenden: Die Möbelbürste etwa eignet sich, um Bücher, Bilderrahmen und Fensterbretter zu entstauben. Fugendüsen saugen Krümel aus Ritzen und Staub von den Fußleisten oder von den Kanten vor den Fußleisten, an die man mit der Standarddüse nur schlecht herankommt. Der Saugmund der Universaldüsen reicht vorn nicht vollständig bis an die Kanten heran. Die Hartbodendüse ist praktisch für Fliesen, Dielen und Parkett, weil sie oft flacher ist als die herkömmliche Universaldüse.

Ebenfalls 2016 untersuchte die Stiftung Warentest Handstaubsauger, darunter acht kabellose Geräte mit Akkubetrieb. Ausführliche Berichte kann man nachlesen im Heft 2/2016 der Zeitschrift „test".

Teppichreinigung mit Dampfreinigern

Mit einem Dampfreiniger lässt sich gegen Verschmutzungen vorgehen, die der Staubsauger nicht schafft. Die Feuchtigkeit, die der Dampfreiniger ins Gewebe einbringt, kann allerdings unerwünschte Kollateralschäden verursachen. Hochwertige Teppiche sollten Sie damit lieber nicht bearbeiten.

Bevor man mit dem Dampfreiniger arbeitet, sollte man schon einmal eine Runde mit dem Staubsauger gedreht haben. Je mehr oberflächlicher Schmutz bereits vom Staubsauger entfernt worden ist, desto weniger davon kann vom Dampfreiniger wie-

ⓘ **Teppiche und Wasserdampf vertragen sich nicht.**
Bitte lesen Sie sich die Reinigungsanleitung für den Teppich genau durch. Sie befindet sich gewöhnlich an der Unterseite des Teppichs. Sollte sie sich dort nicht befinden, kann man dem Etikett wenigstens die Herstellerangaben, einen Design-Code, Materialangaben oder Ähnliches entnehmen. Mit diesen Angaben kann man den Hersteller via Internet kontaktieren und Genaueres erfragen. Am besten ist es natürlich, wenn Sie sich bereits beim Kauf des Teppichs eine ausführliche Reinigungsanleitung geben lassen, die Sie dann aber auch so ablegen, dass Sie sie später wiederfinden können. Außerdem sollten Sie auch die Anleitung für den Dampfsauger beachten, um die richtige Temperatur und Dampfmenge zu wählen.

der in das Gewebe des Teppichs einmassiert werden. Für den Dampfreiniger bleiben dann die hartnäckigen Flecken und verklebten Verschmutzungen.

Mit dem Dampfreiniger kann man effektiv arbeiten, wenn man sich genau an die Vorgaben des Herstellers hält. Dampfreiniger sind nicht ganz ungefährlich, denn Wasser muss erhitzt werden, um zu verdampfen. Das ist so ähnlich wie bei einem Dampfbügeleisen – nur ist das Gerät viel größer. Auf keinen Fall sollte man Kinder damit hantieren lassen.

Nach Herstellerangaben muss zunächst der Wassertank befüllt und das Wasser im Gerät zum Kochen gebracht werden. Bitte niemals die Marke für den höchsten Füllstand laut Herstellerangabe überschreiten; es besteht die Gefahr, dass man sich an austretendem Dampf eines überfüllten Geräts verbrüht.

Teppichreinigung mit Dampfsaugern

Da herkömmliche Dampfreiniger am Teppich Schäden hinterlassen können, ist für Teppiche und Polstermöbel ein hochwertiger Dampfsauger zu empfehlen. Er vereinigt die Vorzüge des Dampfreinigers mit denen des Staubsaugers. Für Hausstauballergiker verbessert sich die allergene Situation durch die Wasserfilterung. Milben, die für die Hausstauballergie vorwiegend verantwortlich sind, werden durch die Dampfbehandlung abgetötet. Im Unterschied zu den sogenannten Waschsaugern (siehe unten) sind keine speziellen Reinigungschemikalien erforderlich.

Als vorteilhaft erweisen sich Dampfsauger, deren Dampfausstoß geregelt werden kann. Sie dienen gleichzeitig als Trockensauger. Das hat den Vorteil, dass die Partikel, die vom Dampf gelöst wurden,

sogleich aufgesaugt und in einem Schmutz-
behälter gesammelt werden können. Ein
weiterer Vorteil gegenüber herkömmlichen
Dampfreinigern: Die Reste an Wasser, die
bei der Dampfbehandlung entstehen und
zwangsläufig zurückbleiben, werden sofort
aufgesaugt und können die Teppichfasern
nicht schädigen. Bei Teppichböden oder vergleichbaren textilen Belägen sorgt das
sofortige Aufsaugen dafür, dass die Feuchtigkeit nicht bis auf die Kleberschicht in den
Bodenbelag eindringen kann.

Reinigung mit dem Waschsauger

Waschsauger arbeiten etwas anders als
Dampfsauger. Sie verfügen über einen
größeren Tank, der mit einer speziellen Rei-
nigungslösung befüllt wird. Der Teppich
sollte vor Einsatz des Waschsaugers mit einem herkömmlichen Staubsauger – oder
im Trockensaugerbetrieb, falls man ein
Kombinationsgerät zur Verfügung hat – vor-
gereinigt werden. Dann sprüht man mit der
Düse des Waschsaugers die Reinigungslö-
sung auf den Teppichboden und lässt die
Chemie nach Vorschrift einwirken. Nach
etwa zehn Minuten wird die Lösung mit der
Bodendüse in den Teppich eingearbeitet.
Anschließend tauscht man die Waschlö-
sung im Tank gegen klares Wasser aus,
sprüht den Teppich damit ein und saugt die
wässrig verdünnte Waschlauge wieder auf.
Wenn alles gut gegangen ist, sollte sich im
Tank jetzt jede Menge Schmutzwasser
befinden. Nach dem Trockensaugen und

Abtrocknen des Teppichs kann man eventuell zurückgebliebene Reinigerreste im normalen Staubsaugerbetrieb aufnehmen.

Bevor Sie sich die relativ teuren Geräte
kaufen, die Sie dann am Ende doch nur
zweimal im Jahr einsetzen, können Sie sich
auch bei Bedarf ein Gerät ausleihen. Alle
großen Baumarktketten verleihen Teppich-
reinigungsgeräte zu moderaten Tagestari-
fen (zwischen 12 und 25 Euro). Drogerie-
märkte verleihen die Waschsauger sogar für
mehrere Tage kostenlos, vorausgesetzt, man
kauft gleichzeitig das Spezialreinigungs-
mittel in der gleichen Filiale. Waschsauger
kann man auch tageweise ausleihen, das
geht bequem über Onlineplattformen .

Bei einem wertvollen Teppich, einem Per-
ser oder einem Seidenteppich, hilft eine professionelle Teppichreinigung. Spezialisierte
Unternehmen verzichten bei diesen edlen
Stücken auf herkömmliche Chemikalien.

Feinstaub – kleinste Partikel, großes Problem

Feinstaub ist eine Sammelbezeichnung für Staub einer bestimmten Partikelgröße.

Unter dem Begriff Feinstaub fasst das Umweltbundesamt zwei unterschiedliche Typen von Feinstäuben zusammen:

Zum einen den primär emittierten Feinstaub, wie er zum Beispiel bei Verbrennungsprozessen entsteht und unmittelbar an der Quelle freigesetzt wird; zum anderen den sekundär gebildeten Feinstaub, dessen Partikel aus gasförmigen Vorläufersubstanzen (wie etwa Schwefeloxide, Stickstoffoxide oder Ammoniak) entstehen können.

Wann ist Staub Feinstaub und warum ist er so gefährlich?

Sehr feine Partikel werden von den Schleimhäuten im Nasen- und Rachenraum nur unvollständig oder gar nicht mehr zurückgehalten – und zwar umso weniger, je kleiner die Partikel sind. Während also gröbere Staubpartikel die Atemwege nicht belasten, sondern beim Naseputzen entfernt oder weggeräuspert werden, dringt Feinstaub in die Atemwege vor – und dies tut er umso tiefer, je kleiner die eingeatmeten Partikel sind. Aus diesem Grund spricht man auch von inhalierbarem Feinstaub oder thorakalem (von Thorax = griech. für Brust) Schwebestaub.

1987 hat die US-amerikanische Umweltschutzbehörde EPA (Environmental Protection Agency) den „National Air Standard for Particulate Matter" veröffentlicht. Er wird kurz als PM-Standard bezeichnet. Der ursprünglich definierte PM_{10}-Standard ist seit 2005 auch für die EU verbindlich. Das bedeutet nicht, dass eine Grenze bei 10 µm gezogen würde, vielmehr werden unterschiedliche Partikelgrößen von 1 µm bis 15 µm unterschiedlich gewichtet. 1997 wurde ein weiterer, noch strengerer Standard eingeführt: Beim $PM_{2,5}$ wird ein Gewichtungsverfahren für die Partikelgrößen eingesetzt, die man auch als Feinststaub (alveolengängigen Staub) bezeichnet, das dem bestehenden Standard PM_{10} analog ist.

Feinstaub kann zu erheblichen Gesundheitsbeeinträchtigungen führen: Husten und Zunahme asthmatischer Anfälle sowie Belastungen des Herz-Kreislauf-Systems – im schlimmsten Fall mit der Folge einer abnehmenden Lebenserwartung. Außerdem steht Feinstaub im Verdacht, krebserzeugend zu sein.

Feinstaub unterscheidet sich überdies von anderen Schadstoffen. Die Weltgesundheitsorganisation hat postuliert, dass es keinen Grenzwert gibt, unterhalb dessen Feinstaubkonzentrationen gänzlich ungefährlich wären. Mit anderen Worten: Feinstaub schadet immer. Mehr oder weniger. Auch in längerfristig vorliegenden geringeren Konzentrationen.

Feinstaub kann natürlichen Ursprungs sein. Immer häufiger aber ist er menschengemacht. Natürliche Feinstaubquellen sind zum Beispiel

- Bodenerosion
- Vulkanasche (bringt jährlich ca. 85 Mio. t Feinstaub in die Atmosphäre)
- Verfrachteter Ruß aus Wald- und Buschbränden
- Pflanzen (insbesondere Pollen)
- Kleinstlebewesen (insbesondere Pilzsporen)
- Seesalz durch Gischt und Trocknung
- Gasförmige Vorläufersubstanzen

Zu den stärksten anthropogenen Emissionsquellen zählen:

- Wirtschaft und Verkehr (einschließlich Flugverkehr)
- Privathaushalte und Kleinverbraucher
- Energiewirtschaft (Elektrizitäts- und Fernheizwerke)
- Landwirtschaft

Die Feinstaubimmissionen aus Privathaushalten und Kleinverbrauchern betrugen zuletzt in Deutschland 33 000 Tonnen pro Jahr. Das ist mehr, als sämtliche Diesel-

motoren auf Deutschlands Straßen in einem Jahr verursachen.

Auch bei den Feinststaubverursachern ($PM_{2,5}$) liegen die privaten Haushalte an vorderer Stelle. Weitere Großemittenten sind Produktionsbetriebe (hauptsächlich in der Metallurgie und in der Verarbeitung mineralischer Produkte), Handel und Gewerbe, Schüttgutumschläge und Landwirtschaftsbetriebe.

Es ist nicht die Größe allein

Doch die Partikelgröße (bzw. die Winzigkeit der Partikel) allein macht noch nicht die gesamte Gefährlichkeit des Fein- und Feinststaubs aus. Feinstaubpartikel haben eine zerklüftete Struktur. Damit bieten sie die Voraussetzung, dass sich weitere toxische Substanzen – zum Beispiel Schwermetallpartikel – anlagern können. Dieser Schadstoffcocktail kann dann aus einer Vielzahl chemischer Verbindungen bestehen, von denen viele im Verdacht stehen, Krebs zu erzeugen. Er setzt das Immunsystem einer Art unterschwelligem Dauerstress aus. Das bedeutet besonders für Risikogruppen wie Kleinkinder, kranke und ältere Menschen eine erhöhte Gefährdung.

Nicht alle Feinstäube sind gesundheitlich bedenklich. Seesalze werden zum Beispiel besonders in den Küstenregionen oder auf vorgelagerten Inseln häufiger eingeatmet als im Binnenland. Da sie wasserlöslich sind, gelten sie als gesundheitlich unbedenklich. Man empfiehlt sogar Patienten mit Atemwegserkrankungen das Einatmen salzreicher Luft als Kur.

Feinstaub in der Wohnung

Durch offene Fenster beim Lüften, durch undichte Stellen in der Gebäudehülle dringt staubbelastete Außenluft in die Innenräume ein. Aber auch durch Anhaftungen an den Schuhen und an der Kleidung, ja selbst in den Haaren bringen wir Belastendes von außen nach innen. Dagegen hilft nur Staubsaugen, Reinigen, Putzen – eine Sisyphusarbeit: Wenn man den Hausputz hinten beendet hat, beginnt sich vorn bereits wieder der Staub zu setzen.

Zu allem unvermeidlichen Übel – nämlich, dass uns der Staub in unserer Wohnung heimsucht und uns ewig erhalten bleibt – kommen noch die vermeidbaren Übel, die wir selbst produzieren. In den Innenräumen unserer Wohnung produzieren Feinstaub vor allem:

- Gasbrenner und Ölbrenner der Heizungs- und Warmwasserbereitungsanlagen
- Holzheizungen, offene Kamine
- Staubsaugen und andere Aktivitäten der Raumnutzer, bei denen Staub aufgewirbelt wird
- Räucherwerk (Räucherstäbchen und Räucherkerzen)
- Kerzen, Öllampen und andere Leuchtmittel mit Abbrand (z. B. Brennpasten),
- Tabakrauchen

- Bastel- und Heimwerkerarbeiten, besonders Schleif- und Sägearbeiten
- Bürogeräte wie Laserdrucker und Kopierer
- Silvesterböller, Wunderkerzen und Tischfeuerwerke

Kaminfeuer – Gemütlichkeit hat ihren Preis

Holz als Brennstoff ist wieder in Mode gekommen. Nicht nur, weil sich die Preise für Öl und Gas eine Zeit lang Jahr für Jahr auf besorgniserregende Weise verteuerten, sondern auch, weil das Bewusstsein für die CO_2-Bilanz sich verändert hat. Zwar wird auch Holz verbrannt. Doch immerhin kann man sich damit beruhigen, dass fossile Ressourcen geschont werden und dass beim Verbrennen des Holzes ja nicht mehr CO_2 freigesetzt werden kann, als vorher beim Aufwachsen des Holzes aus der Atmosphäre gebunden worden ist. Man übersieht dabei leicht, dass das errechnete CO_2-Gleichgewicht von einem asynchronen Verhältnis von Aufwachsen und Verbrennen untersetzt ist: Was in 50 Jahren zu einem Baum heranwächst, wird in fünf Monaten verbrannt. Und ob sich die Forstwirtschaft unter der Perspektive, Holzlieferant für die Energiegewinnung zu werden, wieder zu mehr monokulturellen Strukturen zurückentwickelt, ist nicht ganz auszuschließen.

Neben den regulären Heizungsanlagen werden sogenannte Komfortfeuerstätten immer beliebter: offene Kamine oder Ka-

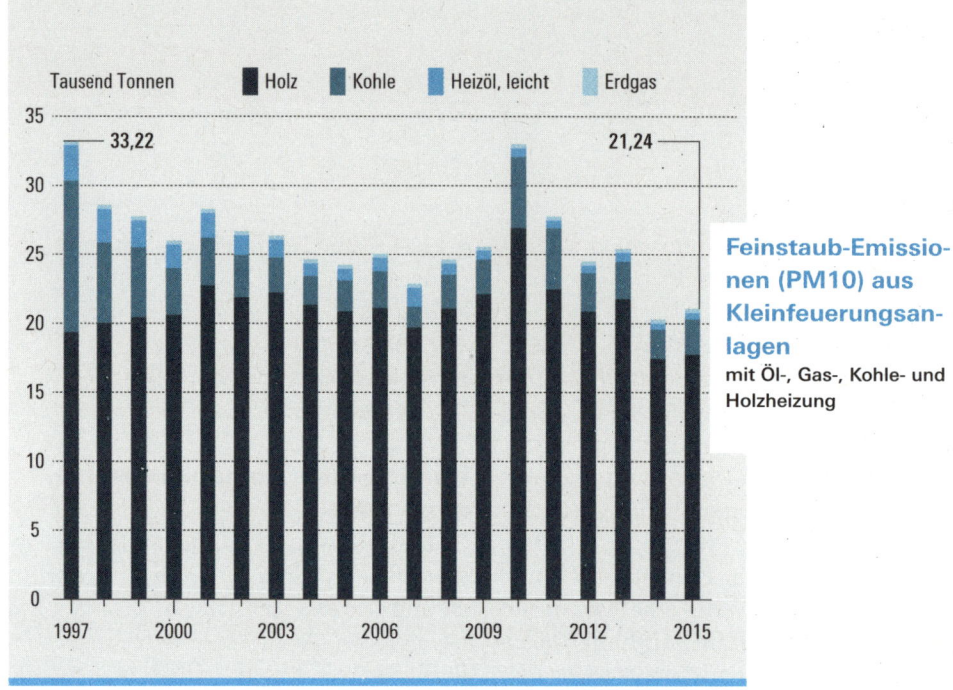

Feinstaub-Emissionen (PM10) aus Kleinfeuerungsanlagen mit Öl-, Gas-, Kohle- und Holzheizung

minöfen, die eher Lifestyle-Artikel denn Wärmeerzeuger sind. Für den Lifestyle muss man einen Preis bezahlen. Und der Preis besteht in einer erhöhten Emission – zum Beispiel von Feinstaub.

Der Gesetzgeber hat darauf reagiert und bereits 2010 die Bundesimmissionsschutzverordnung mit Hinblick auf Kleinfeuerungsanlagen verschärft. Mittels strengerer Grenzwerte soll die Feinstaubemission verringert werden. Nach einer Übergangsfrist werden auch für bereits bestehende Anlagen die neuen Anforderungen durchgesetzt. Das Umweltbundesamt empfiehlt: „Achten Sie beim Neukauf besonders auf emissionsarme Pelletöfen und -heizkessel mit dem Umweltzeichen Blauer Engel."

Bei kleinen Holzfeuerungen beträgt der Anteil der Feinstaubteilchen am gesamten Staubausstoß mehr als 90 Prozent.

Welches Verhalten ist bei einer „Kleinfeuerungsanlage", also einem Kaminofen angemessen? Folgende Punkte sollten Sie beachten:

▶ Offene Kaminfeuer verursachen sehr hohe unkontrollierbare Emissionen, belasten die Innenraumluft deutlich mit Schadstoffen. Als dauerhafte Raumheizung ist der offene Kamin, weil energetisch ineffizient, nicht geeignet.

▶ Auch umweltrechtlich ist der Dauerbetrieb eines Kaminofens unter Umständen nicht möglich. Das Berliner Kammergericht hat 2013 eine Zumutbarkeitsgrenze gezogen: acht Tage im Monat für je fünf Stunden Kaminfeuer – bis dahin liegt nach Auffassung des Kammergerichts nur eine „unwesentliche Beeinträchtigung durch den Betrieb eines offenen Kamins" vor.

▶ Vergessen Sie keinesfalls das Lüften. Besondere Aufmerksamkeit verlangt die Frischluftzufuhr, wenn Sie bemerken, dass Rauchgase in den Raum entweichen, weil der Kamin nicht „zieht".

▶ Halten Sie sich an die Empfehlungen des Herstellers und des Schornsteinfegers. Verbrennen Sie nur geeignetes Brennmaterial und insbesondere nur trockenes, unbehandeltes Holz. Das Holz darf nicht mehr als 25 % Restfeuchte aufweisen, um eine starke Rauchentwicklung zu vermeiden. Holzfeuchte-Messgeräte sind preiswert; im Baumarkt kosten einfache Modelle zwischen 15 und 25 Euro.

▶ Gestrichenes, lackiertes oder auf andere Weise behandeltes Holz sowie Holzreste unbekannter Herkunft sollten Sie nicht verbrennen, ebenso wenig Sperrholz, Span- oder Faserplatten (wegen der darin enthaltenen Kleber und Bindemittel). Das ist in der Regel auch verboten, ebenso wie das Verbrennen brennbarer Abfälle, Müll von Papier und Pappe.

Feinstaub aus dem Laserdrucker

Bürogeräte wie Laserdrucker und Kopierer stellen eine weitere, ergiebige Quelle für Feinstaubemissionen dar. Sie ist auch im Privathaushalt nicht zu unterschätzen. Denn viele verfügen über einen Arbeitsplatz zu Hause, an dem sie ihre berufsbedingte oder nebenberufliche Büroarbeit erledigen. Fast jeder hat einen Computer und fast jeder Computernutzer nutzt auch, wenigstens gelegentlich, Peripheriegeräte. Besonders Laserdrucker stehen in der Kritik. 2013 hat der NDR in einem Beitrag des Magazins „Markt" mitgeteilt, dass in einem

Prüflabor der Ausstoß von Nanopartikeln gemessen worden war, die mit teils giftigen Substanzen beladen waren: Chrom, Eisen, Nickel, Silizium, Zink, Titan und Brom zeigten die Messgeräte an. Oft ist das Heimbüro leider an einer ungünstigen und schlecht belüfteten Stelle untergebracht. Mehr dazu lesen Sie im Kapitel „Luft, Licht und Wärme" ab Seite 53.

Folgende Tipps für den Umgang mit Laserdruckern können die Feinstaubbelastung reduzieren:

▶ Stellen Sie den Laserdrucker nicht direkt vor Ihrer Nase, sondern nach Möglichkeit mehrere Meter entfernt vom Schreibtisch auf (dafür ist eventuell ein längeres Druckerkabel oder eine Anbindung per WLAN nötig).

▶ Reduzieren Sie die Anzahl der Ausdrucke auf das absolut Notwendige.

▶ Verwenden Sie staubarmes Papier. Es sollte der Norm DIN EN 12 281 entsprechen.

▶ Rüsten Sie das Gerät mit einem Feinstaubfilter nach, sofern er nicht vorhanden ist. Prüfen Sie dazu die Herstellerangaben und lassen Sie sich von einem Fachhändler beraten.

▶ Gehen Sie beim Tonerwechsel vorsichtig und genau nach Herstellerangaben vor. Tragen Sie nach Möglichkeit Einweghandschuhe. Waschen Sie sich andernfalls nach der Prozedur gründlich die Hände, damit nicht Tonerreste unabsichtlich in der Wohnung verteilt werden. Verbrauchte Tonerkartuschen nicht im Hausmüll entsorgen, sondern zum Händler zurückbringen.

▶ Gehen Sie bei Papierstau bedachtsam und langsam zu Werke. Heftiges Rütteln und Reißen am Papierstau kann nicht fixierte Reste von Tonerstaub freisetzen.

▶ Besonders nach großen Druckaufträgen empfiehlt es sich, eine kurze Stoßlüftung durchzuführen.

▶ Nutzen Sie die Luftreinigungskraft der Grünpflanzen. Pflanzenblätter wirken als natürlicher Feinstaubfilter und halten die schadstoffhaltigen Partikel fest (siehe auch „Luft, Licht und Wärme", S. 53 ff.).

Die relativ geringen Mengen dieser Schwermetalle und Schadstoffe, die mittels laserbetriebener Bürogeräte eingetragen werden, sind kein Anlass zur Panik, aber auch kein Grund, sie zu ignorieren. Wie so oft macht auch hier die Dosis das Gift und die Konzentration im Raum die Gefährlichkeit eines Schadstoffs. Wer kann schon ständig exakt messen? Die verschiedenen Bürogeräte sind im privaten Haushalt häufig nicht so optimal aufgestellt, wie das in einem gewerblichen Betrieb vorgeschrieben ist. Bei der Wartung und Reinigung gehen wir ziemlich sorglos an die Geräte heran. Welche Emissionen dabei entstehen und in welcher Konzentration, wissen wir gar nicht.

Warum mögen wir keinen Schimmel?

In vielen Innenräumen – in älterer Bausubstanz ebenso wie in neu gebauten oder modernisierten Wohnungen – wird Schimmel zu einem Problem.

Viele Wohnungsnutzer und Mieter stellen nach einer energetischen Sanierung überrascht fest, dass sie Schimmelpilz in ihrer Wohnung entdecken, in der es vor der Sanierung nie Probleme damit gab. Das ist nicht so ungewöhnlich, wie es klingt.

Aber was ist Schimmel eigentlich und warum mögen wir ihn nicht? Was wir gemeinhin als Schimmel bezeichnen, ist eine besondere Form „imperfekter" Pilze (Fungi imperfecti). Schimmelpilze sind eine heterogene Gruppe von Pilzen; „Schimmel" ist deshalb ein Sammelbegriff. Für das Vorkommen in Wohnungen sind über 20 Gattungen (mit wiederum zahlreichen Arten) bedeutsam. Unter ihnen fallen einige Arten besonders auf – eben weil sie auffällig sind wie der Schwarzschimmel (Schwarzer Gießkannenschimmel), der sogar in der Lage ist, auf Glasoberflächen zu wachsen und optische Linsen zu trüben.

Schimmelpilze gehören zu unserem Alltag. Und sie sind weltweit die Begleiter des Menschen: Mehr als 100 000 verschiedene Arten begegnen uns auf Lebensmitteln, im Erdreich, auf organischen Materialien wie Holz, Textilien und Papier oder auf Mauerwerk.

Schimmelpilze haben bei Weitem nicht nur negative Eigenschaften, indem sie etwa Nahrungsmittel verderben lassen und ungenießbar machen. Einige Arten sind im Gegenteil bei der Nahrungsmittelherstellung sogar höchst willkommen: Verschiedene Käsesorten gäbe es ohne die gezielte Einwirkung von Schimmelpilzen nicht: Camembert etwa gewinnt seinen Geschmack und seine Konsistenz wesentlich aus dem Penicillium camemberti genannten Pilz; auch Rohwürste wie die Salami benötigen diesen Schimmelpilz. Ein anderes Beispiel sind die Sorten des Blauschimmelkäses, die auf Penicillium roqueforti und Penicillium glaucum angewiesen sind (wie etwa der französische Roquefort).

Einem Zufall verdankt die Menschheit auch eines der wirksamsten Antibiotika: das Penicillin. Alexander Fleming hatte in seinem Labor Staphylokokken, eine gefährliche Bakterienart, angezüchtet. Vor dem Urlaub aber hatte er vergessen, die Petrischalen mit den Präparaten zu entsorgen. Nach dem

Urlaub fand er die Petrischalen im Spülstein vor – über und über bedeckt mit blaugrünem Schimmel. Glücklicherweise sah Alexander Fleming noch einmal genauer hin, bevor er die Petrischalen wegwarf: Unter dem Schimmel war – nichts. Der Pilz hatte die Bakterienkulturen regelrecht vertilgt.

Wie beeinflussen Schimmelpilze uns und unsere Wohnumwelt?

Schimmelpilze können auf unterschiedliche Weise und in unterschiedlicher Gestalt und Zusammensetzung auf Menschen einwirken:

- ▶ durch ihre Zellbestandteile (Hyphen und Myzel),
- ▶ durch ihre Stoffwechselprodukte (Mykotoxine)
- ▶ durch ihre Sporen und Konidien

Hyphen sind die meist farblosen fadenförmigen Zellen von Pilzen, sie dienen hauptsächlich der Ernährung des Schimmelpilzes. Ein Geflecht aus Hyphen nennt man Myzel. Unter den Stoffwechselprodukten können zum Beispiel die Schimmelpilzgifte, Mykotoxine, auf den Menschen sehr schnell schädlich wirken. Schimmelpilze vermehren sich in der Regel ungeschlechtlich mittels Sporen. Der Schimmelpilz bildet sie am Ende sporentragender Strukturen. Bei schimmelbildenden Schlauchpilzen (etwa die häufig vorkommenden Aspergillus und Penicillium) werden die Sporen Konidien genannt.

Es gibt also nicht den einen Schimmelpilz mit der einen Wirkung, sondern einen ganzen Fächer von Formen und Weisen, mit denen der Schimmelpilz auf uns einwirken kann.

Wie gefährlich ist der Schimmelpilz?

Droht wirklich schon Gefahr, wenn Schimmelpilze in der Wohnung gefunden werden? Schimmelpilze sind überall. Und dort sind sie immer. Der alte Grundsatz des Paracelsus gilt auch hier: „Alle Dinge sind Gift, und nichts ist ohne Gift; allein die Dosis macht's, dass ein Ding kein Gift sei."

Der Schimmelpilz macht es uns aber nicht leicht, diese Dosis zu bestimmen. Zwar haben epidemiologische Studien in verschiedenen Ländern den Zusammenhang zwischen dem Wachstum von Schimmelpilzen in Wohnungen und gesundheitlichen Problemen der Bewohner aufgezeigt. Vor allem Atemwegs- und Augenreizungen, Allergien, Asthma sowie unspezifische Symptome wie Müdigkeit, Schwindel und Kopfschmerzen wurden festgestellt. Jedoch konnte keine eindeutige Dosis-Wirkung-Relation zwischen den gemessenen Konzentrationen an Schimmelpilzen und dem Ausmaß der gesundheitlichen Probleme hergestellt werden. Wann ist eine Schimmelpilzkonzentration noch akzeptabel und ab wann ist sie schädlich? Wir wissen es nicht genau.

Gesundheitsschäden durch Pilze

So vielfältig wie die Pilze, so vielfältig sind auch die Reaktionen des menschlichen Organismus auf die Belastungen. Man kann vier Gruppen pilzbedingter Erkrankungen unterscheiden:

1 Pilzinfektionen (Mykosen)
2 Allergien/hypersensitive Reaktionen
3 Irritationen
4 Toxische Reaktionen (Reaktionen auf Pilzgifte)

Bezogen auf Pilze in Innenräumen sind Erkrankungen aus der ersten Gruppe relativ selten. Allerdings: Menschen, die ein geschwächtes Immunsystem haben (zum Beispiel wegen einer immunsuppressiven Therapie oder infolge einer Immunschwächeerkrankung), können auch durch Innenraumschimmel schwere invasive Infektionen erleiden, die sogar auf lebensbedrohliche Zustände hinauslaufen können.

Die häufigsten von Innenraumschimmel ausgelösten Erkrankungen sind heute die allergische Rhinitis und die chronische Rhinosinusitis. Asthmapatienten sind besonders betroffen; Asthmaanfälle können innerhalb weniger Minuten nach Kontakt mit Schimmelpilzen auftreten.

Verschiedene Irritationen der Haut im Ergebnis von Schimmelpilz-Expositionen wurden beschrieben (allergische Dermatitis), ferner auch Irritationen und Entzündungen der Augen (Keratitis, Konjunktivitis). Das Schimmelpilzwachstum in geschlossenen Räumen führt zu einer vermehrten Produktion von VOCs (Volatile Organic Compounds); sie machen den typisch muffigen, modrigen Schimmelgeruch aus. Der ist zwar eher lästig als gesundheitsschädlich, kann aber bei empfindlichen

Personen Irritationen der Schleimhäute auslösen.

Pilzgifte, sogenannte Mykotoxine, lösen Reaktionen bei jedem Menschen aus, nicht nur bei Allergikern. Das sogenannte Antoniusfeuer ist eine der bekanntesten Reaktionen auf Pilzgifte – in diesem Fall war die Ursache Getreide, das mit Mutterkorn (ein Pilz) verunreinigt war. Im Hinblick auf Schimmelpilze sind das Organic Dust Toxic Syndrome (ODTS) und die Diffuse pulmonale Hämorrhagie (Lungenblutung) bei Kindern bekannt.

Bei ODTS sieht man einen ursächlichen Zusammenhang mit dem Einatmen von Schimmelpilzen in hoher Konzentration (über 100 Sporen/m³) oder Bakterien (in Konzentration von 1–2 µg/m³), wie sie in Innenräumen vorkommen können. Zum Krankheitsbild gehören Fieber, grippeähnliche Symptome, Erschöpfung und Abgeschlagenheit, gelegentlich auch Haut- und Schleimhautreizungen. Früher plagte ODTS häufig Menschen, die an sporenbelasteten Arbeitsplätzen tätig waren; man nannte die Krankheitsbilder daher Getreide-, Drescher- oder Mühlenfieber.

Diffuse pulmonale Hämorrhagie, eine Lungenblutung, tritt überwiegend infolge von Autoimmunerkrankungen auf. Die Behandlung erfolgt mit Immunsuppressiva.

Im feuchten Klima fühlen sich nicht nur Schimmelpilze wohl, sondern auch viele andere Mikroorganismen. Verschiedene Bakterien können ebenfalls entzündliche oder allergische Reaktionen auslösen. Zum Beispiel Actinomyceten, myzelbildende Bakterien, über die man sich freut, wenn man sie im Komposthaufen hat, die aber an einer feuchten Innenwand nicht willkommen sind. Insofern ist das Auftreten von sichtbarem Schimmel nicht nur für sich genommen eine unschöne Angelegenheit, sondern kann auch als Marker für das Auftreten anderer Mikroorganismen gelten.

Schimmel im Blumentopf

Schimmel im Blumentopf ist für die meisten Pflanzen nicht unmittelbar gefährlich. Er kann aber eine Quelle der weiteren Ausbreitung der Schimmelpilze in der Wohnung sein und sollte daher bekämpft werden.

Meist ist der Blumentopf zu stark gegossen worden. Es ist günstig, wenn die Oberfläche der Blumentopferde eher trocken ist und die Feuchtigkeit sich dort konzentriert, wo sie der Nährstoffaufnahme durch die Wurzeln dient. Sie können die Oberfläche der Erdschicht mit einer Gabel aufrauen, um das Abtrocknen zu fördern. Verändern Sie gegebenenfalls die Gießintervalle.

Hat sich der Schimmel noch nicht stark ausgebreitet, kann ein oberflächliches Abtragen helfen. Das Pilzmyzel selbst reicht in die Tiefe, aber durch Auftragen einer dünnen Sandschicht – Sand trocknet leichter als nährstoffreiche Blumenerde – kann die Neubildung von Sporen an der Oberfläche eingedämmt werden.

Kehrt der Schimmel wieder zurück oder liegt von vornherein ein starker Befall vor, hilft in der Regel nur noch, die Pflanze mitsamt dem Topf komplett zu entsorgen oder – bei größeren und wertvollen Pflanzen ist das sicher angezeigt – sie umzutopfen. Wichtig: Entsorgen Sie die alte, mit Schimmel kontaminierte Blumenerde in den Hausmüll – bitte nicht auf den Komposthaufen.

→ Arbeiten mit Schimmel

Sofern Sie gegenüber Pilzsporen besonders empfindlich reagieren oder allergische Reaktionen bereits in anderem Zusammenhang aufgetreten sind, empfiehlt es sich, bei Arbeiten mit belasteter Erde Einmalhandschuhe und eine Atemmaske zu tragen. Beides ist preiswert in Drogerie- und Baumärkten erhältlich. Oder Sie lassen das jemanden erledigen, der keine Probleme beim Kontakt mit Schimmel kennt.

Der Schimmelpilz und seine Sporen

Schimmelpilze vermehren sich mittels Sporen. Was für die Pflanzen der Pollenflug, ist für die Pilze der Sporenflug. Im übertragenen – Schimmelpilze vermehren sich überwiegend ungeschlechtlich – und übertragenden Sinne – Sporen sind für die zuweilen sehr rasche Ausbreitung von Schimmelpil-

zen verantwortlich. Mit Pilzsporen in der Atemluft müssen wir in unseren geografischen Breiten eigentlich immer rechnen: im Sommer mit durchschnittlich 3 000 Sporen pro Kubikmeter Luft, aber auch im Winter noch mit 50 Sporen pro Kubikmeter.

Diese Konzentrationen sind im Grunde ungefährlich für Menschen. Und sie schaden auch einem Gebäude nicht. In der Luft bekommen Sporen keine Nahrung. Die Luft ist nur das Transportmittel zu einem nahrhaften Ort. Nahrhaft sind für Schimmelsporen grundsätzlich organische Substanzen; sie benötigen also ein Nährmedium, wenn sie sich auf waagerechten ebenso wie senkrechten Flächen eines Gebäudes absetzen. Attraktiv macht – aus der Sicht der Schimmelsporen – das Nährmedium seine Wasseraktivität. Die beschreibt das freie Wasser, also jenen Teil des Gesamtwassergehalts, der nicht in Salzen oder an Fasern fest gebunden ist.

Grenzwerte

Weder in Deutschland noch international existieren zurzeit gesetzliche Bestimmungen, mit denen Grenzwerte für Schimmelpilze (oder deren Bestandteile und Produkte) in der Raumluft festgelegt wären. Verschiedene Autoren und Institutionen schlagen jedoch Richtwerte vor, die auf der Basis von Erfahrungen bestimmt worden sind.

Das Umweltbundesamt hat 2002 nach Vorarbeiten der Innenraum-Lufthygienekommission einen Leitfaden zur Vorbeugung, Untersuchung, Bewertung und Sanierung von Schimmelpilzwachstum in Innenräumen („SchimmelpilzLeitfaden") herausgegeben. 2005 wurde dieser Leitfaden ergänzt um einen Leitfaden zur Ursachensuche und Sanierung bei Schimmelpilzwachstum in Innenräumen („Schimmelpilz-Sanierungsleitfaden"). Beide Dokumente sind gegenwärtig (Juni 2017) noch immer gültig und auf der Seite des Umweltbundesamts als PDF herunterzuladen.

▶ Leitfaden 2002: www.umweltbundes amt.de/publikationen/leitfaden-zur-vorbeu gung-untersuchung-bewertung

▶ Leitfaden 2005: www.umweltbundes amt.de/publikationen/leitfaden-zur-ursa chensuche-sanierung-bei

Mittel gegen Schimmel

Wie lässt sich Schimmelpilzbefall wirksam bekämpfen? Die folgenden Stoffe sind – mehr oder weniger – geeignet.

▶ **Javelwasser (Eau de Javel):** Wässrige Lösung von Kaliumhypochlorit (KClO), meist in einer Mischung mit Kaliumchlorid. Javelwasser wird als 0,1- bis 0,5-prozentige Gebrauchslösung im Umgang gegen Mikroorganismen verwendet. Es dekontaminiert bei Befall mit Viren, Bakterien und Pilzen, wirkt aber gegen Sporen nur eingeschränkt. Javelwasser darf nicht zusammen mit säurehaltigen Produkten oder Reinigungsmitteln angewendet werden, weil dadurch giftige Chlorgase entstehen können.

▶ **Aktivchlor:** Werbewirksame Bezeichnung für Natriumhypochlorit (NaClO). Andere Namen sind Natronbleichlauge, Chlorbleichlauge, unterchlorigsaures Natrium, flüssiges Chlor, Eau de Labarraque. Aktivchlor ist Bestandteil vieler Haushaltreiniger, Rohrreiniger und Schimmelbekämpfer. Die Wirkung gegen Schimmelpilze ist nachgewiesen.

▶ **Isopropylalkohol:** Mit 70-prozentigem Alkohol bekämpft man Schimmelansätze wirkungsvoll. Auch Brennspiritus (Ethanol) wirkt entsprechend, dessen Vergällungsmittel können auf Farben und Lacke aber wie Lösungsmittel wirken. Schimmelbefall einpinseln oder besprühen, eine halbe Stunde einwirken lassen, gegebenenfalls Prozedur wiederholen.

▶ **Wasserstoffperoxid:** Das als Bleichmittel bekannte „Superwasser" wirkt antibakteriell und als Fungizid sowohl gegen die biologisch aktiven Pilzzellen als auch gegen die Sporen der Schimmelpilze. Dank seiner Bleichwirkung entfernt es Schimmelrückstände von porösen Untergründen und hat damit auch eine optisch verbessernde Wirkung. Schutzhandschuhe sollten getragen werden, da H_2O_2 wie eine schwache Säure auf die Haut wirkt. In der Werbesprache wird H_2O_2 auch gern als Aktivsauerstoff bezeichnet.

Hausmittel und Grundstoffe gegen Schimmelpilze

Wirkstoff	Besonderheiten	Wirkung	Vorteile	Nachteile
(Per-)Säuren z. B. Essigsäure $C_2H_4O_3$	Altes Hausmittel, „Putzessig", Essigreiniger	++	Soweit bekannt ungiftig	Wird rasch neutralisiert, wirkt korrosiv; organische Stoffe wirken als Nährboden, nicht auf kalkhaltigen Untergründen
Chlor/Chlorprodukte Cl, $NaClO$, $KClO$ (Javelwasser) ClO_2, Aktivchlor	Zur Desinfektion und Schimmelbekämpfung, weniger als Reinigungsmittel geeignet, starke Bleichwirkung	++		Kann empfindliche Schleimhäute reizen, eventuell entstehen chlorhaltige Nebenprodukte
Isopropylalkohol	Auch als Isopropanol im Handel	+++	Verdunstet ohne Rückstände, geruchsneutral, keine Umweltgefährdung	Feuergefährlich, verflüchtigt sich schnell, keine Tiefenwirkung
Brennspiritus	Wirkt ähnlich wie Isopropylalkohol	+++		Feuergefährlich, verflüchtigt sich schnell, keine Tiefenwirkung
Wasserstoffperoxid H_2O_2	Hat bleichende Wirkung, hinterlässt keine schädlichen Nebenprodukte	+++	Nicht brennbar	Kann Haut und Schleimhäute reizen, reagiert heftig mit Kupfer und Messing
Borsalzlösung (Borax)	Schafft basische Verhältnisse	+	Preiswert und leicht erhältlich	Keine starke Wirkung

▶ **Essigessenz oder Essigsäure:** Essig kann zwar Schimmel zunächst wirkungsvoll bekämpfen, hinterlässt aber organische Rückstände, die Pilzen erneut Nährboden bieten können. Die kräftige Anwendung von Essig kann zudem zur Durchfeuchtung der betroffenen Partien führen – eine der Voraussetzungen, unter denen Schimmel sich wohlfühlt. Und: Durch Essigsäure entsteht ein saures Milieu, das das Wachstum von Schimmel begünstigt. Bei Einsatz von (hoch konzentrierter) Essigessenz sollte man immer Schutzhandschuhe und möglichst auch eine Schutzbrille tragen. Beachten Sie: Ab Konzentrationen von 30 Prozent können Materialoberflächen in Mitleidenschaft gezogen werden.

▶ **Borax:** Borsalzlösungen schaffen ein basisches Klima auf den Untergründen (zum Beispiel Badezimmerfliesen), das Schimmelpilze nicht lieben: Eine Tasse Borax in 4 Liter Wasser auflösen.

Im Umgang mit Chemikalien sind bestimmte Vorsichtsmaßnahmen einzuhalten.

1 Tragen Sie einen Atemschutz, um das Einatmen von Sporen zu vermeiden. Empfohlen wird eine Maske der Schutzklasse FFP2. Atemschutzmasken sind in jedem Baumarkt oder im Versandhandel erhältlich.

2 Tragen Sie Gummihandschuhe, das schützt vor eventuellen allergischen Hautreaktionen, aber vor allem vor den Reinigungsmitteln selbst.

3 Tragen Sie eine Schutzbrille, Schimmelsporen können die Augen reizen, beim Umgang mit säurehaltigen Produkten können Spritzer versehentlich ins Auge geraten.

4 Tragen Sie alte Klamotten oder einen Einweg-Overall; er schützt nicht nur Ihre Kleidung (Spritzer mit Bleichmitteln haben eine beachtliche „Tiefenwirkung"), sondern verhindert auch, dass Sie eventuell aufgewirbelte Schimmelsporen mit der Kleidung anschließend neu verteilen.

5 Benutzte Putzmittel – Lappen, Bürsten, Schwämme – nach der Reinigung sofort entsorgen, sonst fasst der Schimmel andernorts gleich wieder Fuß.

Bitte denken Sie daran: Mit Hausmitteln bekämpfen Sie nur kleine und schwach befallene Stellen. Großflächiger Befall – zum Beispiel an der Innenseite einer Außenwand – von mehreren Quadratmetern erfordert den Einsatz eines Fachbetriebs.

Und noch etwas ist ganz wichtig: Geben Sie sich nicht der Illusion hin, dass Sie den Schimmel besiegt haben, solange Sie nicht die Ursache für die Schimmelbildung erkannt und nach Möglichkeit beseitigt haben. Er wird immer wiederkommen, solange er gute Bedingungen für ein angenehmes Leben in Ihrer Wohnung vorfindet (siehe Seite 43).

„Der Schimmel braucht drei Dinge"

Ekkehardt Weyrauch
Das Büro des Berliner Architekten beschäftigt sich neben Neubauprojekten sehr erfolgreich mit Modernisierung und Instandsetzung sowie thermischer Sanierung von Bestandsimmobilien.

Immer wieder stehen Vermieter im Verdacht, Wohnungen mutwillig verschimmeln lassen, um Mieter zu vergrämen. Deckt sich das mit Ihrer Erfahrung?

Nach unserer Erfahrung ist das Mieterverhalten immer maßgeblich mitverantwortlich. Schimmel braucht drei Dinge: eine gewisse Feuchtigkeit. Futter, bevorzugt Kohlenhydrate. Und ein bestimmtes Temperaturspektrum. Eine Außenwandtemperatur von etwa 14 °C, ausreichend Feuchtigkeit im Bad und ausreichend Raufasertapete – dabei kommt fast immer Penicillin raus. Wenn ich dem Schimmel eines der drei Dinge wegnehme, hört er auf zu wachsen.

Wenn es einmal passiert ist, dass man Schimmelpilze hat, die sich ausbreiten, was tun?

Dann heißt es als Erstes wie in jedem Schadensfall: Ruhe bewahren! Schaden begutachten oder begutachten lassen. Auf chemische Reinigungsmittel, auf Wundermittel, die schnelle Abhilfe versprechen, kann man getrost verzichten. Insbesondere auf alle säurehaltigen Reiniger.

Helfen Alkohole?

Die helfen. Man kennt das aus der alkoholischen Gärung. Der Hefepilz verarbeitet Zucker zu Alkohol und fühlt sich wohl dabei, aber ab einem Alkoholgehalt von etwa 14 Prozent setzt die Gärung aus, der Pilz stirbt ab. Diesen Effekt kann man sich auch bei der Reinigung von Schimmelbefall zunutze machen. Hochprozentiger Alkohol bekämpft Schimmelpilze. Aber nicht die Ursachen der Schimmelentstehung.

Kann man den lästigen Schimmelpilz denn überhaupt dauerhaft loswerden?

Eine klassische Schimmelsanierung, die den Pilz wirklich ausrottet, ist grundsätzlich möglich, aber sie wäre schlimmstenfalls mit Abriss und Neubau verbunden. Denn was man sieht, auf der Wand oder in Fensterlaibungen, ist nicht der eigentliche Pilz, sondern die Sporenträger und Konidien. Der Pilz selbst, das Myzel, sitzt in der Wand. Und je länger der Pilz schon im Mauerwerk ist, umso tiefer ist er auch schon hineingewachsen. Es ist aber in der Regel auch schon ausreichend, wenn der Pilz daran gehindert wird, neue Sporenträger zu bilden. Will man den Pilz auch aus dem Mauerwerk entfernen, muss der Putz runter, und dann muss mit speziellen Chemikalien gearbeitet werden. Danach muss gründlich gereinigt werden, alles muss abgesaugt werden, die Fußbodenaufbauten müssen raus ... Das ist ein mehrstufiges Programm mit zum Teil erheblichen baulichen Eingriffen.

Steht das Resultat dann noch für den Aufwand?

Da habe ich meine Zweifel. Wenn wir uns eine Welt ganz ohne Schimmel, ohne Pilze und Sporen vorstellen, dann wäre das eine Welt, in der wir wahrscheinlich nicht mehr leben wollen. Sahara oder Tiefsee. Aber selbst da wäre ich mir nicht sicher ...

Wenn ich als Mieter den Verdacht habe, dass mit der Raumluft in meiner Wohnung etwas nicht stimmt oder sich Schimmel trotz meiner Gegenmaßnahmen unaufhaltsam ausbreitet, was kann ich tun?

Wenn es eine akute Gefährdung gibt, die aus dem baulichen Zustand herrührt, dann ist die zuständige kommunale Behörde gefragt. Sind Schäden oder Beeinträchtigungen vorhanden, die eine bestimmungsgemäße Nutzung der Wohnung nicht mehr erlauben, und will oder kann der Vermieter nicht handeln, dann kann das Wohnungsaufsichtsamt tätig werden. Das ist auch berechtigt, sofortige Verfügungen zu erlassen, um Gefahren abzuwenden. Der andere Partner ist das Gesundheitsamt, wenn der Verdacht besteht, dass gesundheitliche Gefährdungen von Baustoffen ausgehen oder wenn ein starker Schädlingsbefall auftritt. Das Gesundheitsamt wird entsprechende Untersuchungen veranlassen, um dem Verdacht des Wohnungsnutzers nachzugehen. Dort können sich Mieter, aber auch Wohnungseigentümer Rat holen und sie werden auch an die richtigen Stellen verwiesen, die sich dann um das jeweilige Problem kümmern.

Und wenn keine akute Gefährdung vorliegt, der Mieter aber, wie man so sagt, ein schlechtes Bauchgefühl hat?

Da wird es schwieriger. Es gibt auf der einen Seite Umweltmediziner, die findet man im Telefonbuch, im Internet oder bei den kommunalen Behörden. Auf der anderen Seite gibt es Prüflabore, die sich auf solche Untersuchungen spezialisiert haben. Das ist aber mit Kosten verbunden. Ob das bei Schimmel in jedem Fall nötig ist, sei dahingestellt. Aber es gibt eine Reihe anderer Substanzen, Lösemittel, Holzschutzmittel, die inzwischen geächtet sind, die heute nicht mehr verbaut werden dürfen, die aber im Bestand immer wieder auftauchen. Klassiker sind die zu DDR-Zeiten häufig verwendeten Lindan-Verbindungen und -Gemische. Holzschutzmittel und DDT sind aber kein DDR-Problem, diese Substanzen, unter welchem Namen auch immer, sind weltweit vertrieben und verarbeitet worden.

Die schwarze Wand

Ist es Schimmel? Wenn ja, wo kommt er her? Und wenn es kein Schimmel ist, was ist es dann?

Die Wand wird schwarz – und Sie sind sich keiner Schuld bewusst. Sie haben regelmäßig gelüftet. Im Raum gibt es keinen nennenswerten Feuchtigkeitseintrag. Die Temperatur der Wandfläche gibt keinen Anlass zur Besorgnis.

Man nennt es auch Fogging-Effekt, Schwarzstaub oder Magic Dust. Auf die Magie würden die Betroffenen sicher gern verzichten. Über die Ursachen des Fogging-Effekts gibt es viele Ansichten. Beim Schwarzstaub tappt man noch im Dunklen. Das ist kein Kalauer des schwarzen Humors, das ist die traurige Wahrheit.

Wissenschaftler des Österreichischen Instituts für Baubiologie und -ökologie, Wien, haben die Situation vor zehn Jahren so beschrieben: „Das Phänomen plötzlich aufgetretener Ruß- und Staubablagerungen in Wohnungen, bei denen von teilweise großflächigen Verfärbungen und Belägen auf Wand-, Fenster- und Möbelflächen berichtet wird, wird immer wieder in der Fachliteratur erwähnt. In manchen Fällen wird die Belastung mit Schimmelbefall verwechselt. Die Bewohner werden durch diese Staubablagerungen in ihrer Wohnqualität stark beeinträchtigt, in manchen Fällen sind die betroffenen Wohnungen nicht mehr benutzbar. Weiterhin wird in der Regel befürchtet, dass die Ablagerungen möglicherweise gesundheitsschädlich wirken könnten. In fast keinem der geschilderten Fälle konnte eine einfache Ursache dieser Staubimmissionen aufgefunden werden. In zahlreichen Fällen lagerte sich der schwarz gefärbte Staub vor allem an kälteren Flächen wie Außenwänden sowie an elektrostatisch aufgeladenen Oberflächen wie Bildschirmen oder Kunststoffflächen ab."

Auch das deutsche Umweltbundesamt ist mit seiner Ursachenforschung zu keinem endgültigen Ergebnis gekommen. Offensichtlich ist es nicht möglich, den einen Auslöser für einen Schwarzstaubbefall zu identifizieren oder eine geradlinige Kausalkette aus Wirkungszusammenhängen zu knüpfen.

Das Umweltbundesamt hat in einer Befragung bis 2001 insgesamt 287 Fälle analysiert und eine Art Merkmalkatalog zusammengestellt. Demnach werden Fogging-Effekte erst seit den 1990er-Jahren beschrieben: Seit dieser Zeit wird mehr Wert auf die Dichtigkeit der Gebäudehüllen gelegt, neue Gebäude werden entsprechend ausgelegt und ältere Gebäude bei Sanierungen nachgerüstet.

92 Prozent der untersuchten Wohnungen waren neu gebaut oder in jüngster Zeit

Schwarzstaub aus dem Nichts?
Vom Fogging-Effekt spricht man, wenn weiße Wände in frisch renovierten Wohnungen plötzlich schwarz werden.

renoviert worden; in der Regel waren die betroffenen Wohnungen mit modernen Heizungsanlagen ausgestattet, Kohleöfen, offene Kamine oder Kerosinheizgeräte spielten keine Rolle.

Die Ablagerungen, die von den Befragten überwiegend als „ölig schmierig" und „schwarz-grau" bezeichnet wurden, erschienen nahezu ausschließlich während der Heizperiode und traten sowohl in Raucher- als auch in Nichtraucherwohnungen auf. Grundsätzlich waren alle Räume von dem Effekt betroffen, jedoch war das Wohnzimmer der jeweiligen Wohnung oft am stärksten angegriffen.

Die Ablagerungen tauchten immer sehr plötzlich auf, manchmal innerhalb weniger Wochen, manchmal sogar innerhalb eines Tages; sie zeigten sie sich in überheizten Wohnungen mit sehr geringer Luftfeuchtigkeit sowie auch in Wohnungen, die nicht regelmäßig bewohnt (und nicht regelmäßig beheizt) wurden.

Alle Flächen in einer Wohnung kamen grundsätzlich für den Fogging-Effekt infrage, jedoch fanden sich Schwarzstaub-Ablagerungen hauptsächlich oberhalb von Heizkörpern, an Gardinen und Vorhängen, auf Fensterrahmen, Kunststoffflächen, an elektrischen Geräten sowie auf der Innenseite von Außenwänden. Allerdings fand sich das Phänomen in Wohnungen sonst gleicher Ausstattung und Lage im Gebäude und bei nahezu identischem Bewohnerverhalten nicht durchweg in gleicher Weise.

Bei den Befragungen durch das Umweltbundesamt konnten keine Auffälligkeiten im Nutzerverhalten festgestellt werden. Die Wohnungen wurden angemessen gelüftet: im Allgemeinen täglich, manchmal auch mehrmals täglich, regelmäßig mittels Stoßlüftung, mindestens aber durch häufiges Kippen der Fenster. Die Raumlufttemperaturen und die Raumluftfeuchtigkeit wiesen gegenüber nicht betroffenen Wohnungen keine Auffälligkeiten auf. Zwar benutzten die Bewohner in der Hälfte der untersuchten Wohnungen Kerzen, doch schwankte die Häufigkeit zwischen „wenige Kerzen im Advent" bis zu „regelmäßig während des Winters", sodass sich daraus unmittelbar keine Korrelation zum Schwarzstaubbefall herstellen ließ. Auch Raucher- und Nichtraucherhaushalte hielten sich in etwa die Waage. In knapp 10 Prozent der Wohnungen waren Öllämpchen verwendet worden.

Ursachensuche

Die Studie des Umweltbundesamts fragt, sicher provokativ, ob „schwarze Wohnungen" ein Problem der Umweltschutzgeneration seien. Ein Zusammenhang ist nicht von der Hand zu weisen: „Viele Hersteller von Bau- und Renovierungsprodukten sowie Einrichtungsgegenständen sind seit einigen Jahren bestrebt, anstelle flüchtiger organischer Verbindungen (VOC) vermehrt schwer flüchtige organische Verbindungen (Semi Volatile Organic Compounds, SVOC) als Lösemittel oder Additive einzusetzen", stellte das UBA fest. „Diese Stoffe sind meist nicht zu riechen, in der Regel weniger gesundheitsbedenklich und müssen außerdem nicht als Lösemittel deklariert werden." Der Zusatz „lösungsmittelfrei" war seit den 1990er-Jahren ein wichtiges Verkaufsargument bei Lacken und Farben.

Relativ frühzeitig identifizierten die Wissenschaftler eben diese SVOCs als Hauptverdächtigen: Diese Verbindungen haben einen Siedebereich oberhalb von 240 °C. Sie können aus Produkten, die bei Renovierung oder Neubau von Wohnungen zum Einsatz kommen, in die Raumluft gelangen. Darum sind überwiegend Neubauwohnungen und sanierte oder renovierte Wohneinheiten betroffen. Das Alter des Gebäudes ist dabei von zweitrangiger Bedeutung. Entscheidend ist das verwendete Material – vor allem Weichmacherverbindungen („Phthalate"), langkettige Alkane, Alkohole, Fettsäuren und Fettsäureester. Sie finden sich unter anderem in:

- Farben (auch und besonders in Farben, die als „lösungsmittelfrei" bezeichnet werden) und Lacken
- Fußbodenklebern, PVC-Bodenbelägen
- Vinyltapeten
- Dekorplatten und Kunststoffoberflächen von Möbeln
- Holzimitat-Paneelen
- Elektrokabeln und elektronischen Geräten
- Verpackungsstoffen
- Reinigungsmitteln
- Kosmetika, Deo- und Haarsprays

Während der Heizperiode entweichen die SVOCs verstärkt aus den verschiedenen Produkten. Anders als im Sommer ist die Lüftung in dieser Zeit des Jahres aber eingeschränkt. Die SVOCs, so wird vermutet, reichern sich in der Raumluft an, schlagen sich in kälteren Bereichen der Wohnung bevorzugt auf sogenannten Wärmebrücken nieder und bilden dort einen klebrigen Kondensationsfilm. Baulich bedingte Wärmebrücken sind unter anderem Fensterflächen und -rahmen, der Decken- und Wandbereich; Rollladenkästen (geringe Dämmung). Die Thermoströmungen im Innenraum können schließlich dazu führen, dass sich der Feinstaub dort anlagert und den typisch rußig-schmierigen Belag bildet. Schon geringe Temperaturdifferenzen an den Wandoberflächen können den Effekt auslösen. Er ist besonders oft dort beobachtet worden, wo Außenwände eine Ecke des Innenraums bilden. Im Sommer kommt es fast nie zu einer solchen Anreicherung von SVOCs, auch die Wärmebrücken spielen jetzt keine Rolle.

66 Die Entstehung des Fogging-Effekts ist noch nicht vollständig aufgeklärt.

Neben diesen hauptverdächtigen SVOCs wurden noch andere „Mittäter" ermittelt, so etwa die vermutete Migration chemischer Materialzusätze an die Bauteiloberfläche, wo sie schließlich jenen klebrigen Film bilden, an dem sich der Staub anlagert. Oder Effekte der Adhäsion, die dazu führen könnten, dass sich in der Luft schwebender Staub und andere Partikel auf feuchten Bauteiloberflächen anheften. Auch die Thermophorese (Thermodiffusion), derzufolge sich Staubteilchen aufgrund eines Temperaturgradienten auf bestimmte Weise bewegen,

bietet einen Erklärungsansatz, warum sich Staub an klebrigen Untergründen anlagert.

Die Entstehung des Fogging-Effekts ist noch nicht vollständig aufgeklärt. Es handelt sich offenbar um ein multifaktorielles Problem, bei dem monokausale Zusammenhänge nicht ohne Weiteres hergestellt werden können. Spielen auch turbulente Luftströmungen eine Rolle, wie sie sich beispielsweise oberhalb von Heizkörpern bilden? Befördert die Abdichtung der Gebäudehülle, wie sie unter energiepolitischen Gesichtspunkten durchgesetzt wird, den Effekt? Können sich innerhalb der fast hermetisch dichten Gebäude nun innenrauminterne Thermoströmungen – quasi von der Zugluft unbehelligt – entwickeln? Was weiß man wirklich über die raumphysikalischen Verhältnisse der einzelnen Wohnung?

Auffallend war im Übrigen, dass Fogging-Phänomene fast nie in Büroräumen zu beobachten waren. Woran liegt das? „Der Hauptunterschied zwischen Privatwohnungen und Büroräumen ist die Nutzung des Bades und der Küche", erklärt das Laboratorium Dr. Melzer aus Bremen auf seiner Internetseite. „Dabei können bestimmte VOC oder Aerosole freigesetzt werden, zum Beispiel aus Kosmetika, Deosprays, Haarsprays und Fettaerosolen." Der Fein- und Feinststaub ist in einer Wohnung anders zusammengesetzt als der Staub eines Büros, sodass er auch ein ganz anderes Adhäsionsverhalten gegenüber den SVOC-Emissionen aus Farben, Lacken, Klebern, Bindemitteln und anderen Materialien im Innenraum zeigt.

Besteht Gesundheitsgefahr?

Nach seinen bisherigen Äußerungen zu urteilen, sieht das Umweltbundesamt keine unmittelbaren Gesundheitsgefahren. Die Konzentrationen an Problemstoffen – das sind schwer flüchtige organische Verbindungen wie Weichmacher – seien in den betroffenen Wohnungen gegenüber nicht betroffenen Wohnungen nur geringfügig erhöht. „Die Konzentrationen liegen nach bisherigem Kenntnisstand deutlich unterhalb der Schwelle einer möglichen akuten Gesundheitsgefahr. Die eingeatmeten Stoffe können jedoch zu vorübergehenden Reizerscheinungen im Rachenraum führen, ohne dass damit allerdings weitere gesundheitlich negative Folgen verbunden sind." Aus diesem Grunde und aus Vorsorgegründen – ganz zu schweigen vom „ästhetischen" Problem der unansehnlichen Wohnung – empfiehlt es sich daher, die Ursachen zu klären und die Ablagerungen zu beseitigen.

Anders sieht es aus, wenn man andere als die vom UBA favorisierten Ursachen annimmt, zum Beispiel eine sogenannte kalte Karbonisierung. Dabei könnten gefährliche Aerosole eine Rolle spielen, die auch das menschliche Zellgewebe belasten. Unter diesem Aspekt wäre das Wohnen mit einem ungelösten Fogging-Problem ein erhebliches gesundheitliches Risiko, insbesondere für Menschen mit empfindlichen Atemwegen. Es empfiehlt sich also auf jeden Fall, ein Fogging-Problem so schnell wie möglich anzugehen.

Vorbeugen gegen den Schwarzstaub

Ähnlich wie bei den Maßnahmen gegen Schimmel kommt es auch beim Schwarzstaub darauf an, dass seine Ausbreitungsbedingungen erkannt und beeinflusst werden. Man muss dem Staub die Chance zum Fogging nehmen. Es bringt nichts, die betroffenen Stellen zu reinigen und einfach wieder mit neuer Farbe anzustreichen. Was kann man tun, um den Schwarzstaubanlagerungen ihr Wohlfühlklima zu nehmen?

▶ Um ein starkes Temperaturgefälle zwischen Luft und Raumwand zu vermeiden, sollten nach Möglichkeit Wärmebrücken, Risse im Mauerwerk und andere Schwachstellen der Gebäudehülle so gut wie möglich isoliert werden.

▶ Die Heizkörperthermostate sollten während längerer Abwesenheit der Bewohner nicht gedrosselt werden, um ein Auskühlen der Wohnung zu vermeiden.

▶ Regelmäßiges Lüften während der Heizperiode ist wichtig. Der Hinweis, man möge mehrmals täglich eine Stoßlüftung durchführen, ist gut gemeint, aber lebensfremd. Hingegen kann man, sollte es sich als notwendig erweisen, über

eine dezentrale Belüftungsanlage nach-
denken (mehr dazu ab Seite 100).

- Auf den Gebrauch von Sprays im Haushalt – auch im Bad – sollte so weit wie
möglich verzichtet werden.
- Da auch Küchendünste an der Fogging-
Bildung beteiligt sein können, empfiehlt
sich hier eine besonders gute Durchlüftung, gegebenenfalls mithilfe einer
Dunstabzugshaube (siehe Seite 115).
- Bei Renovierungsarbeiten sollten Sie darauf bestehen, überwiegend Material zu
verwenden, das keine schwer flüchtigen
organischen Verbindungen freisetzen
kann. Mit dem Vermerk „lösungsmittelfrei" ist Ihnen nicht geholfen – lassen
Sie sich über die Inhaltsstoffe von
einem Fachbetrieb ausführlich beraten.
- Auch bei Fußbodenarbeiten werden
SVOC-haltige Materialien verwendet.
Bei einem Austausch sollte auf alternative Materialien zurückgegriffen werden.
- Ideale Anstrichstoffe, die sich als
foggingresistent erwiesen haben, sind
Silikatfarben. Sie bilden keine Schicht,
sondern verkieseln mit dem Untergrund zu einer dauerhaften Struktur.
Ihren vielen Vorteilen stehen einige Ein-
schränkungen gegenüber: Sie lassen
sich erstens nur auf mineralische Untergründe (auf Putz, Sichtbeton) streichen,
nicht auf Tapeten, und zweitens auch
nur dann auf den Putz, wenn der nicht
mit Tiefgrund getränkt worden ist, und
ihre Handhabung ist drittens nicht un-

bedingt Anfängern im Heimwerkerme-
tier anzuraten – man sollte den Silikat-
anstrich einem Fachbetrieb überlassen.

- Prüfen Sie Ihre Haushaltgeräte, insbesondere den Staubsauger. Ein schadhaf-
ter Sauger kann unter Umständen mehr
Staub verwirbeln, als er aufsaugt. Die
Verwendung eines HEPA-Filters (Frakti-
on $0{,}5–3\,\mu m$) zur Minimierung der Feinstaubbelastung wäre zu erwägen.
- Denken Sie über Ihren Fußboden nach.
Laminatboden, so pflegeleicht und trittfest er auch sein mag, ist im Grunde –
gepresster Kunststoff. Und darin kann
der Hauptverdächtige für das Fogging-
Phänomen, SVOC, enthalten sein.
- Je weniger Kunststoff im Wohnzimmer,
desto weniger Möglichkeiten einer elek-
trostatischen Aufladung einzelner Komponenten; das betrifft neben Laminat
auch Teppiche und Dekostoffe aus synthetischen Fasern, Möbel aus Kunststoff
oder mit Kunststoffbeschichtungen.
- Kerzenabbrand, Kaminruß und Tabakrauch sind zwar nicht unmittelbar für
den Fogging-Effekt verantwortlich, doch
vergrößern sich damit die Feinstaub-
mengen, die der Fogging-Bildung zur
Verfügung stehen. Diese Risikofaktoren
zu vermindern kann auf keinen Fall
schaden.
- Insbesondere dann, wenn man schon
einmal ein Fogging-Problem in der
Wohnung hatte, sollte man beim erneu-
ten Renovieren darauf achten, nur pro-

blemstoffarme Produkte zu verwenden, zum Beispiel solche, die eindeutig als „lösungsmittel- und weichmacherfrei" gekennzeichnet sind.

▶ Nach einer Renovierung sollten die betroffenen Wohnräume erst wieder bezogen, eingerichtet und genutzt werden, wenn sie ausreichend abgetrocknet und ausgelüftet worden sind. Das Lüften, so lästig das klingt, sollte über mehrere Wochen hinweg sehr intensiv betrieben werden.

Keine dieser Maßnahmen kann die Fogging-Bildung sicher ausschließen. Jede einzelne aber kann das Risiko senken. Häufig hilft es, bei (und nach) der Sanierung schon, eine der ermittelten Hauptquellen gewissermaßen trockenzulegen.

Wie ist die Rechtsprechung dazu?

Nach bislang unangefochtener Rechtsprechung ist die Renovierung bzw. Sanierung einer Wohnung Sache des Vermieters, auch wenn ihm kein schuldhaftes Handeln angelastet werden kann. Schwarzstaub in einer Wohnung ist ein Mangel an der Mietsache, den der Vermieter zu beheben hat. Das kann den Mieter freuen; sofern er sich auf eine vertragsgemäße Nutzung der Wohnung berufen kann. Dem Wohnungseigentümer hilft das allerdings nicht weiter: Für ihn verbleibt das Problem in der Regel innerhalb seines Sondereigentums und er muss selber sehen, wie er damit fertig wird. Es sei denn,

er kann nachweisen, dass die Schwarzstaubpartikel in seiner Wohnung aus dem Gemeinschaftseigentum – wie etwa einer Tiefgarage – stammen.

In Rechtsstreitigkeiten – meistens dreht es sich ja darum, wer die oft erheblichen Kosten für eine Fogging-Sanierung zu übernehmen hat – zwischen Mietern und Vermieter oder zwischen Vermietern und Handwerksbetrieben geht es oft darum zu entscheiden, wer welche Komponenten in die Wohnung eingebracht oder deren Einbringung veranlasst hat. Für den Nutzer, der einen Verdacht auf Fogging-Befall hat, kommt es auf eine gute Beweissicherung an. Lassen Sie also am besten ein zertifiziertes Labor oder einen Gutachter eine Probe nehmen.

Wenn allerdings das Oberlandesgericht Celle 2003 in einem Berufungsverfahren feststellte, dass „nach dem Ergebnis der durchgeführten Beweisaufnahme ... davon auszugehen ist, dass der Fogging-Effekt auf Materialien zurückzuführen ist, welche der Beklagte (ein Maler- und Tapeziermeister) im Zuge seiner Malerarbeiten verwendet hat", dann kann man der Judikative des Landes Niedersachsen nur gratulieren. Sie hat 2003 schon gewusst, was die Experten und Forschungsinstitute und das Umweltbundesamt bis heute nicht genau wissen.

Luft, Licht und Wärme

Die drei entscheidenden Faktoren, die über das Wohlbefinden in einer Wohnung bestimmen, sind – kurz gefasst – Luft, Licht und Wärme. Alles andere – Teppiche, Möbel, Bilder an der Wand – wäre nichts, wenn die Wohnung stickig, dunkel und im Winter kalt wäre.

Kurioserweise ist die Beschaffenheit der Innenraumluft, anders als die der Außenluft, nicht durch Grenzwerte geregelt. Der Gesetzgeber hielt es offenbar nicht für erforderlich, unsere Souveränität in der eigenen Wohnung durch weitgehende Regulierungen einzuschränken. Das bedeutet im Umkehrschluss, dass wir für die Qualität unserer Innenraumluft weitgehend selbst verantwortlich sind.

Und natürlich muss man sich um die Luftqualität in der Wohnung trotzdem kümmern. Aber wie? Reicht es, zum Lüften einfach das Fenster zu öffnen? Und wie macht man es richtig – auf Kipp oder auf Durchzug? Kann man beim Lüften überhaupt etwas falsch machen? Lüftet man im Winter anders als im Sommer?

Viele machen sich Sorgen um eine mögliche Schadstoffbelastung der Innenraumluft. Die meisten Schadstoffe produzieren wir in der Regel selbst – schon indem wir beständig Kohlenstoffdioxid ausatmen. Das ist nun einmal nicht zu vermeiden. Vermeiden – oder zumindest kontrollieren – lassen sich aber zusätzliche Immissionen, zum Beispiel durch Rauchen, offene Kaminfeuer oder Kerzen. Aber kann man verunreinigte Luft nicht auch reinigen? Und soll man es tun? Und falls ja, womit? Und ist die Fensterlüftung den modernen Gebäudenormen überhaupt noch gewachsen?

Luftqualität in Innenräumen

Für Zusammensetzung und Schadstoffgehalt der Innenraumluft gibt es in Deutschland keine gesetzlichen Grenzwerte. Dennoch bleibt die Qualität der Innenraumluft nicht unbeobachtet.

Das Umweltbundesamt unterhält eine „Innenraumlufthygiene-Kommission" (IRK). Sie berät den Präsidenten des Amtes sachkundig zu allen Fragen der Innenraumlufthygiene. Die Mitglieder dieser Kommission kommen überwiegend aus wissenschaftlichen Einrichtungen in Deutschland und fachlich zuständigen Landesbehörden. An den Beratungen der Kommission nehmen bei Bedarf weitere Vertreter von Ministerien und Behörden sowie Experten aus der Wissenschaft teil.

Die Luftexperten beschäftigten sich in der Anfangszeit unter anderem mit Tetrachlorethen in chemischen Reinigungen, Desinfektionsmitteln im Haushalt, polychlorierten Biphenylen, Asbest in Nachtstromspeicheröfen, Asphaltfußbodenplatten und Formaldehyd. In jüngerer Zeit wurden Polyzyklische Aromatische Kohlenwasserstoffe (PAK), teerhaltige Kleber (vor allem bei der Parkettverlegung), hygienische Probleme bei raumlufttechnischen Anlagen, biologische Innenraumluftverunreinigungen und Emissionen aus Bauprodukten bedeutsam. Großen Raum nimmt immer wieder das Thema Schimmel ein, verbunden mit Lüftungsempfehlungen und Handreichungen, wie man eine möglichst gute Raumluft in luftdichten (weil energiebedarfsarmen) Gebäuden erreichen kann.

Richtwerte für die Innenraumluft

Wozu brauchen wir überhaupt Richtwerte? Pro Tag atmet der Mensch – abhängig von seiner Konstitution, seinem Alter und seiner körperlichen Aktivität – 10 bis 20 m³ Luft ein und natürlich auch wieder aus. Die Lunge ist ein großes (die innere Lungenoberfläche beträgt ca. 140 m²; vergleichen Sie das mit der Grundfläche Ihrer Wohnung) und sehr aktives Organ, es arbeitet zuverlässig und ausdauernd. Meistens bemerken wir es nur, wenn wir erkältet sind. Aber es nötigt Hochachtung ab – auch davor, wie es manche Zumutungen klaglos wegsteckt und höchstens mit einem verschämten Räuspern reagiert. Deshalb ist es wichtig, dass wir ihm eine gute Innenraumluftqualität anbieten. Um festzustellen, wie die beschaffen sein soll, brauchen wir Richtwerte.

Was bedeuten die Richtwerte?

Richtwerte sind keine Grenzwerte. Und da es außerdem noch zwei verschiedene Richtwerte gibt, ist es wichtig, den Unterschied zu kennen und ihre Bedeutung richtig einzuschätzen. Beide Richtwerte gehen auf ein bereits 1996 publiziertes „Basisschema" zurück.

▶ **Der Richtwert I** ist ein sogenannter Vorsorgerichtwert. Er beschreibt die Konzentration eines Stoffes in der Innenraumluft, die allgemein als gefahrlos gilt. Ist der Stoff in der so definierten Konzentration vorhanden, gehen von ihm nach gegenwärtigem Erkenntnisstand keine gesundheitlichen Beeinträchtigungen aus, selbst wenn ein Mensch diesem Stoff lebenslang ausgesetzt ist.

▶ **Richtwert II** ist ein wirkungsbezogener Richtwert. Vereinfacht gesprochen: Ist eine definierte Menge oder Konzentration eines bestimmten Stoffes in der Luft vorhanden, tritt diese oder jene Wirkung ein. Der Richtwert II wird aus aktuellen toxikologischen und epidemiologischen Erkenntnissen abgeleitet. Wann überschreitet ein Stoff seine Wirkungsschwelle auf unseren Organismus? Hat die Konzentration eines Stoffes die Wirkungsschwelle erreicht oder bereits überschritten, muss unverzüglich gehandelt werden. Denn diese erhöhte Konzentration kann – besonders für empfindliche Personen bei dauerndem Aufenthalt in den betreffenden Räumen – eine gesundheitliche Gefährdung darstellen. Der Richtwert II kann außerdem noch einmal als Kurzzeitwert (RW II K) oder als Langzeitwert (RW II L) definiert werden – je nach der Wirkungsweise des Stoffes, für den er gelten soll.

Wer es genauer wissen will: Eine Übersicht der bislang festgesetzten Richtwerte für die Belastung der Innenraumluft bietet das Umweltbundesamt auf seiner Internetseite unter der Adresse www.umweltbundesamt. de/themen/gesundheit/kommissionen-arbeitsgruppen/ausschuss-fuer-innenraumrichtwerte-vormals-ad-hoc zum Download an.

Was sind Leitwerte?

Daneben wird man in der Literatur und in den Medien auf weitere Wertekategorien stoßen. Leitwerte etwa sind Werte, die als wissenschaftlich basierte Höchstwerte nicht nur vor der Möglichkeit einer Schädigung warnen, sondern deren Überschreitung bereits eine konkrete „Besorgnis" (für die Gesundheit, die Stabilität eines Systems usw.) auslösen. Darum werden sie auch Besorgniswerte genannt. Ein Leitwert soll, wird er überschritten, „die Politik dazu anleiten, eine wissensbasierte Besorgnis um die Intaktheit/Gesundheit/Stabilität des Systems hier und jetzt auszuräumen".

Bisher wurden solche Leitwerte festgesetzt für Kohlendioxid, Kohlenmonoxid, für die Summe der flüchtigen organischen Verbindungen (Total Volatile Organic Compounds – TVOC) und für Feinstaub (Particulate Matter – PM 2,5).

Wie gut ist die Innenraumluft?

Fast zwei Drittel unserer Lebenszeit verbringen wir in unserer Wohnung. Darum ist die Luft in der Wohnung von ausschlaggebender Bedeutung dafür, wie gesund wir uns fühlen.

Dass die Außenluft in Deutschland strenger überwacht und gesetzlich stärker reguliert ist als die Innenraumluft, mag zwar auf den ersten Blick verwundern. Die Ungleichbehandlung folgt aber einer rechtlichen Logik. Denn die eigene Wohnung ist privat und ein geschützter Raum. Der Gesetzgeber kann in Gaststätten und in öffentlichen Gebäuden das Rauchen untersagen, nicht aber in einer Privatwohnung. Der Staat ist zwar angehalten, die Reinhaltung der Außenluft als ein Allgemeingut aller Bürger durchzusetzen, aber wie dick die Luft in meiner Wohnung ist, geht ihn nichts an.

Das gilt natürlich immer nur bis zu einer gewissen Schranke: Diese Schranke fällt dort, wo mein Verhalten als Nutzer einer Wohnung andere Menschen – das werden im Allgemeinen meine Nachbarn sein – in ihren Wohnungen auf unzumutbare Weise beeinflusst: sei es mit Tabakrauch, sei es mit anderen starken Gerüchen, sei es mit Lärm oder anderen Beeinträchtigungen.

Die Freiheit des Einzelnen endet aber spätestens dort, wo die körperliche Unversehrtheit der anderen Hausbewohner beeinträchtigt wird.

Was beeinflusst die Innenraumluft?
Zunächst ist es die pure Anwesenheit von Menschen, die Sauerstoff einatmen und Kohlendioxid ausatmen. Sie geben Körpergerüche ab und vermehren den Hausstaub (siehe „Wohnen und Wohlfühlen", S. 11). Sie bewegen sich in der Wohnung und bewegen Gegenstände in der Wohnung. Sie verlassen die Wohnung und kehren wieder heim. Sie öffnen die Fenster und schließen sie. Sie tun in ihrer Wohnung ganz gewöhnliche, alltägliche Dinge wie Kochen, Wäschewaschen, Heizen, Duschen, Kerzen abbrennen – Rauchen.

Dass Tabakrauch zu den gefährlichsten Luftverunreinigungen gehört, dürfte inzwischen unstrittig sein. Tabakrauch enthält ungefähr 4 800 unterschiedliche chemische Substanzen, von denen ungefähr 250 giftig sind und 90 als krebserregend eingestuft werden.

Selbst Stoffe, die für sich genommen harmlos sind, können im Verbrennungsprozess mit anderen Substanzen zu gesundheitsschädlichen Verbindungen reagieren. Wird zum Beispiel dem Zigarettentabak Zucker beigefügt, um bei dessen Karamellisierung einen „weicheren" Geschmack zu erzeugen, entstehen bei der Verbrennung im

Gefährlicher Giftcocktail
Tabakrauch ist ein Hauptverursacher schlechter, schadstoffbelasteter Raumluft.

Zusammenwirken mit anderen Substanzen Acetaldehyd und Formaldehyd.

Neben den im engeren Sinne als krebserregend eingestuften Substanzen enthält der Tabakrauch noch weitere, atemwegsschädigende Stoffe, als da wären Acrolein, Ammoniak, Blausäure und Stickstoffoxide. Sie schädigen die Flimmerhärchen in den Bronchien, verlangsamen deren Selbstreinigung und führen zu jenem typischen „Raucherhusten", der sich in der Folge regelmäßiger Teer- und Kondensatzufuhr als chronische Bronchitis verfestigt. Bei ehemaligen Rauchern hält er oft noch lange Zeit nach der Entwöhnung an; umgekehrt zeigt sich einige Jahre nach der Entwöhnung bei Nichtrauchern ein signifikanter Rückgang von Atemwegserkrankungen oder sogenannter Erkältungsbeschwerden.

Der Giftcocktail, der sich im Tabakrauch findet, ist komplex und hochwirksam. Und jeder Raucher muss sich darüber im Klaren sein: Ein Grenzwert, bis zu dem das Tabak-

rauchen unbedenklich wäre, ist schlechterdings nicht abzuleiten.

Der kurze Ausflug in die Welt des blauen Dunstes war notwendig, um zu relativieren, was ebenfalls Einfluss auf die Innenraumluft haben kann: Auch Bauprodukte, Gegenstände der Innenausstattung und Dinge des täglichen Bedarfs können schädliche Substanzen in die Luft abgeben: vor allem flüchtige organische Verbindungen, für die sich die englische Abkürzung VOC (Volatile Organic Compounds) eingebürgert hat.

VOC – Flüchtige organische Verbindungen

Flüchtige organische Verbindungen sind in jeder Wohnung zu finden. Nicht so schlimm, wird man vielleicht denken, denn wenn sie flüchtig sind, kriegen wir sie ja so schnell nicht wieder ein. Aber die verschiedenen natürlichen und synthetischen Stoffe, die den Baustoffen und Gegenständen entweichen, haben unterschiedliche

Fluchtgeschwindigkeiten. Die Flüchtlinge werden in der Regel nach ihren Siedepunkten eingeteilt:

▶ **VVOC** – Am „eiligsten" haben es die schnell flüchtigen organischen Verbindungen (Very Volatile Organic Compounds), dazu gehören etwa Azeton, Alkohol und Formaldehyd. Der Siedebereich dieser Stoffe liegt zwischen 50 und 100 °C.

▶ **VOC** – Die eigentlichen flüchtigen organischen Verbindungen sind auch oft ziemlich schnell am Sieden. Benzol, verschiedene Lösungsmittel und Eau de Cologne gehören in diese Gruppe. Der Siedebereich dieser Stoffe bewegt sich zwischen 60 und 260 °C.

▶ **SVOC** – Die schwer flüchtigen organischen Verbindungen (Semi Volatile Organic Compounds) – dazu gehören zum Beispiel viele Weichmacher – haben ihren Siedebereich bei 260 bis 400 °C. Sie müssen in vielen Produkten nicht oder nur so deklariert werden, dass das Produkt als „lösemittelfrei" durchgehen kann.

Diese Stoffe werden umso langsamer an die Raumluft abgegeben, je höher ihr Siedebereich ist. Die Konzentration der Stoffe an ihrem Ursprung wird zwar allmählich geringer, dafür lassen sie sich über einen längeren Zeitraum in der Raumluft nachweisen.

Bei flüchtigen organischen Verbindungen handelt es sich um eine Vielzahl synthetischer und natürlicher Stoffe, die bereits bei Zimmertemperatur aus Produkten ausgasen, zum Beispiel

▶ Kettenförmige Kohlenwasserstoffe (Alkane oder Alkene, die als Fettlöser in manchen Haushaltprodukten eingesetzt werden),

▶ Aromatische Kohlenwasserstoffe (zum Beispiel Toluol und Xylole, die in einigen Klebstoffen, Lacken und frischen Druckerzeugnissen als Lösemittel vorkommen),

▶ Naturstoffe hauptsächlich pflanzlicher Herkunft (zum Beispiel Terpene aus Holzverkleidungen, aus Bio-Farben oder Wasch- und Reinigungsmitteln und manchen Kosmetika).

Radon – Das Edelgas aus dem Untergrund

Radon ist ein radioaktives Gas. Es entsteht beim natürlichen Zerfall von Uran und Thorium. Die kommen in allen Gesteinen und Böden vor, je nach geologischen Bedingungen mal mehr, mal weniger. Das Gas wandert an die Oberfläche, gelangt zum Beispiel über undichte Keller ins Haus und reichert sich in den Räumen an. Die Bewohner atmen das geruchlose Gas ein, ohne es zu merken. Lange wurde das Problem unterschätzt, doch in den letzten Jahren hat sich das Wissen um die Gefahr verdichtet. Das Gesundheitsrisiko ist bei Radon deutlich höher als bei vielen anderen Umweltgiften wie etwa Asbest. Oft können einfache Mittel effektiv schützen.

Radon dringt über erdberührte Bereiche in ein Gebäude ein, vor allem über Risse und Spalten in Fundament und Mauerwerk, undichte Fugen zwischen Bauwerkteilen sowie undichte Kabel- und Rohrdurchlässe. Vom Keller aus kann sich Radon über Treppenaufgänge, Kabel-, Kamin- und Versorgungsschächte oder auch durch Geschossdecken in höher gelegene Räume ausbreiten. Begünstigt wird das durch den Kamineffekt: Steigt warme Luft im Haus auf, entsteht im Keller ein kaum spürbarer Unterdruck, der laufend kalte, radonhaltige Luft aus dem Boden ins Gebäude saugt. Die Radonkonzentration nimmt zu den oberen Stockwerken hin aber ab.

In Deutschland liegt der durchschnittliche Jahresmittelwert der Radonkonzentration in Wohnräumen bei etwa 50 Becquerel pro Kubikmeter Raumluft. Stark belastete Räume kommen auf Werte von mehr als 1 000 Becquerel pro Kubikmeter.

Grenzwerte gibt es in Deutschland nicht. Das Bundesamt für Strahlenschutz (BfS) nennt einen Zielwert von 100 Becquerel pro Kubikmeter Raumluft. Die neue Euratom-Richtlinie wurde am 17. Januar 2014 im Amtsblatt der Europäischen Union veröffentlicht und muss bis zum 6. Februar 2018 in nationales Recht umgesetzt werden. Fünf bestehende Richtlinien auf diesem Gebiet werden mit Ende der Umsetzungsfrist

aufgehoben. Das Bundesministerium für Umwelt, Naturschutz, Bau und Reaktorsicherheit erarbeitet derzeit einen Gesetzentwurf, mit dem das deutsche Strahlenschutzrecht modernisiert und möglichst vollzugsfreundlich gestaltet werden soll.

Sinnvoll sind Radonmessungen in schlecht abgedichteten Häusern, die in Risikogebieten stehen. Dazu werden kleine Exposimeter einige Monate in den Wohnräumen aufgestellt. Die Kosten liegen unter 50 Euro. Für die Bewertung der Radonsituation eines Hauses empfiehlt das BfS Messungen über einen längeren Zeitraum in einem Wohnraum und einem Schlafraum. Messungen im Kellergeschoss geben wichtige Informationen über die Bedeutung von Radon aus dem Boden für das betreffende Haus.

Belastung durch Bauprodukte

Bauprodukte gehören zu den nachgewiesenen Quellen für Innenraumbelastungen. Die Bauprodukte-Verordnung der EU dient in erster Linie der „Festlegung harmonisierter Bedingungen für die Vermarktung von Bauprodukten". Sie ist ein Freihandelsinstrument, kein Prüfinstrument. Das hat seine Tücken, wie man bald feststellen musste. Die EU-Mitgliedstaaten sind zwar verpflichtet, europäisch harmonisierte Normen für Bauprodukte anzuwenden. Sie dürfen auch die Qualitätseigenschaften prüfen und kontrollieren. Sie dürfen aber keine weitergehenden Prüfungen verlangen, die über die europäische CE-Kennzeichnung hinausgehen. Auch der früher an deutschen Bauprodukten angebrachte Hinweis „Emissionsgeprüft nach DIBt-Grundsätzen" darf nach europäischem Recht nicht mehr verwendet werden. Insofern gelten Mindeststandards, deren Niveau Besorgnisse nicht restlos zerstreuen kann. Da war es fast folgerichtig, dass die Bundesregierung im Frühjahr 2017 Klage gegen die Europäische Kommission einreichte. Denn bestimmte Baunormen seien aus Sicht der Bundesregierung nur unzureichend oder lückenhaft umgesetzt.

→ EU-BauPVO

Gesetzliche Grundlage für die Prüfung und Beurteilung von Bauprodukten ist die „Verordnung (EU) Nr. 305/2011 des Europäischen Parlaments und des Rates vom 9. März 2011 zur Festlegung harmonisierter Bedingungen für die Vermarktung von Bauprodukten (EU-BauPVO)". Sie wurde am 4. April 2011 im EU-Amtsblatt bekanntgemacht und gilt seit dem 1. Juli 2013 anstelle einer Richtlinie für Bauprodukte von 1988. In der Literatur und in den Medien wird sie häufig mit sonderbarem Plural als „Bauproduktenverordnung" zitiert.

Bauprodukte können natürliche Baustoffe (zum Beispiel Sand, Kies, Naturstein, Lehm, Holz, Kork) sein, künstliche Baustoffe (zum Beispiel Zement, Beton, Glas, Keramik) anorganischen Ursprungs oder synthetisch erzeugte Produkte (zum Beispiel Kunststoffe und Kunstharze), die aus dem Baukasten der organischen Chemie stammen. Oft werden verschiedene Werkstoffe in einem Bauprodukt kombiniert: Sperrholz und andere Holzwerkstoffe können synthetische Kleber enthalten. Fertigparkett aus Kork bekommt meist eine synthetische Beschichtung. Auch Baustoffe, die anscheinend rein anorganisch sind, können in bestimmtem Umfang organische oder synthetische Zuschlagstoffe enthalten. Beispielsweise werden Porenbeton häufig organische Hydrophobierungsmittel zugesetzt, um die Feuchtebeständigkeit des Baustoffs zu verbessern.

Traditionelle Bauprodukte (etwa Mauersteine, vollständig mineralische Mörtel, Stahl oder Glas) weisen nach dem Einbau meist nur sehr geringe Emissionen flüchtiger organischer Verbindungen auf. Synthetische Materialien dagegen enthalten neben den chemischen Grundbestandteilen oft viele anorganische und organische Hilfsstoffe. Dazu gehören in erster Linie Weichmacher und Flammschutzmittel. Sie sollen die Produkteigenschaften verbessern.

Natürliche organische Produkte (etwa Holz, Wachse und Öle) enthalten viele natürliche organische Verbindungen wie Harze, Lösemittel und andere Inhaltsstoffe. Trotz ihres natürlichen Ursprungs können diese Produkte unerwünschte Substanzen oder gar Schadstoffe enthalten. Weichmacher oder Flammschutzmittel sollen auch die Gebrauchseigenschaften dieser natürlichen organischen Produkte verbessern. Zu den Problemstoffen in Bauprodukten gehören alte Bekannte wie Asbest, Formaldehyd, PCB (polychlorierte Biphenyle) und PCP (Pentachlorphenol). Die Stoffe lösten in der Vergangenheit gravierende Schadensfälle aus, in deren Folge finanziell aufwendige Sanierungsmaßnahmen nötig wurden. Aus diesem Grund sind ihre Herstellung und Anwendung zum Schutz von Umwelt und Gesundheit heute gesetzlich strikt eingeschränkt oder verboten.

Das bedeutet aber keine generelle Entwarnung für die Wohnumwelt. Denn Bauprodukte sind auf lange Haltbarkeit ausgelegt. In alten Häusern oder in Wohnungen, die sehr lange nicht renoviert worden sind, können Ihnen immer noch alte Bekannte begegnen. Bevor Sie sich selbst an alten Bauteilen zu schaffen machen und womöglich jede Menge Staub (und mit dem Staub Schadstoffe) aufwirbeln, legen Sie die Renovierungsarbeiten in die Hände eines zertifizierten Fachbetriebs.

Weitere Informationen zu Bauprodukten lesen Sie im Abschnitt „Wie grün ist der Blaue Engel?" (siehe S. 165 ff.).

Sind Innovationen bedenklich?

Nicht nur die alten Bekannten können zum Problem werden. Für Neuentwicklungen oder Rezepturen mit neuen Stoffen gibt es oft (noch) keine verbindlichen gesetzlichen Vorgaben. Natürlich ist jedem Hersteller klar, dass er in seine Produkte keine Asbestfasern einbringen und im Herstellungsprozess kein DDT verwenden darf. Aber bei Stoffen, deren Eigenschaften man noch nicht hinreichend kennt, ist man sich des Risikos möglicherweise noch nicht bewusst geworden. Oder aber es gibt extrem unterschiedliche Bewertungen zum Gefahrenpotenzial einer Substanz.

Neue Rezepturen können zu Emissionen organischer und anorganischer Substanzen führen. Zwar kann man das Emissionsverhalten neuer Substanzen bereits bei der Entwicklung berücksichtigen, aber deren Wechselwirkungen mit anderen Stoffen lassen sich aus der Rezeptur selbst nicht immer ableiten.

Nur für wenige Problemstoffe konnte man bislang die maximal noch zulässigen Konzentrationen in Produkten regeln. Erschwerend kommt hinzu, dass sich gesundheitliche Wirkungen oder Beeinträchtigungen nur selten einem einzelnen, definierten Schadstoff zuordnen lassen. Treten dann vermehrt Krankheitsbilder auf, die theoretisch mit Luftverunreinigungen in Innenräumen zusammenhängen könnten, wächst logischerweise die Nachfrage nach Informationen zum Emissionsverhalten von Bauprodukten.

Modellfälle: Arbeitsplätze und öffentliche Gebäude

Aus nachvollziehbaren Gründen hat der Gesetzgeber festgelegt, welchen Gefährdungen ein Arbeitnehmer an seinem Arbeitsplatz ausgesetzt sein darf. Schließlich kann der Arbeitnehmer über die Einrichtung des Arbeitsplatzes nicht selbst entscheiden und er ist auch nicht für die Inhalte der Arbeit allein verantwortlich. Der Arbeitnehmer befindet sich zu seinem Arbeitsplatz rechtlich in einem völlig anderen Verhältnis als der Mieter zu seiner Wohnung.

Auch für öffentliche Gebäude, die für den Aufenthalt von Menschen bestimmt sind (ohne damit Wohngebäude zu sein), gelten besondere Vorschriften. Auch hier muss der Gesetzgeber – zum Schutz der Nutzer – entsprechende Normen und Vorschriften erlassen.

Für Arbeitsplätze ist hierzulande die Gefahrstoffverordnung einschlägig. Das deutsche Arbeitsschutzgesetz ermächtigt zu dieser Rechtsverordnung. Insofern sind auch inhaltlich die Bestimmungen des Arbeitsschutzgesetzes zu berücksichtigen.

Neu festgelegt wurde ein Arbeitsplatzgrenzwert (AGW). Er beschreibt die zeitlich gewichtete durchschnittliche Konzentration eines Stoffes in der Luft in Bezug auf einen gegebenen Referenzzeitraum. Das heißt: Bis zu welcher Konzentration eines bestimmten Stoffes sind akute oder chronische schädliche Auswirkungen auf die Gesundheit von Beschäftigten im Allgemeinen nicht zu erwarten? Dabei wird eine achtstündige Exposition an fünf Tagen pro Woche zugrunde gelegt.

→ Gefahrstoffe

Bei der Bundesanstalt für Arbeitsschutz und Arbeitsmedizin (BAuA) arbeitet der Ausschuss für Gefahrstoffe (AGS) als Beratungsgremium für das Bundesministerium für Arbeit und Soziales zu Fragen der Gefahrstoffverordnung. Unter der Adresse www.baua.de/DE/Angebote/Rechtstexte-und-Technische-Regeln/Regelwerk/TRGS/TRGS-900.html kann die aktuelle Fassung (Fassung vom 7.7.2017) der TRGS 900 (Technische Regeln für Gefahrstoffe) als PDF heruntergeladen werden. Sie enthält die Arbeitsplatzgrenzwerte für eine Vielzahl von gefährlichen Substanzen von Acetaldehyd bis Zirkonium.

In modernen Bürogebäuden und anderen Nichtwohngebäuden, die dem Aufenthalt von Menschen dienen – man denke an Gaststätten, Einkaufszentren, Krankenhäuser, Schulen und Kindereinrichtungen – sind mittlerweile energieoptimierte Lüftungskonzepte Stand der Technik. In Kombination mit einer weitgehenden Ausschaltung störender Emissionsquellen verhindern diese Lüftungen, dass sich Schadstoffe in den Räumen anreichern können.

Selbstverständlich kann man die Vorschriften für einen Arbeitsplatz nicht ohne Weiteres auf eine Wohnung beziehen. Aber zwei Probleme sollten Sie sich stellen:

1 Überprüfen Sie, ob Sie in Ihrem Wohnumfeld (möglicherweise unwissentlich) mit solchen Gefahrstoffen umgehen. Das gilt besonders für den Hobby- und Freizeitbereich. Welche Materialien und Substanzen verarbeiten Sie in Ihrem Hobbyraum oder in Ihrer Werkstatt? Was steht vielleicht schon lange unbeachtet in Ihrer Garage?

2 Die Arbeitsplatzgrenzwerte beziehen sich auf eine fiktive erwachsene, gesunde Person, die den Stoffen durchschnittlich acht Stunden an fünf Wochentagen ausgesetzt ist. Sie berücksichtigen nicht Schwangere, stillende Mütter, Kinder, Allergiker, chronisch Kranke und Menschen mit geschwächtem Immunsystem. Für diesen Personenkreis muss eine besonders große Vorsicht gelten. Auch schon der leise Verdacht einer Umweltbelastung sollte ernst genommen werden.

Erhöhte VOC-Konzentrationen können schon nach kurzer Zeit zu Geruchsbelästigungen führen. Allerdings: Nicht jeder empfindet die Ausdünstungen als unangenehm. Möglicherweise wird die Ausdünstung aus Baustoffen als olfaktorischer Beleg dafür empfunden, dass etwas neu, frisch verlegt oder frisch gestrichen ist. Es ist daher besser, von Geruchsempfindungen zu sprechen. Und auch etwas, das gut riecht, kann schädlich sein. Doch selbst wenn etwas nicht besonders gut riecht, setzt über kurz oder lang ein Gewöhnungseffekt ein. Sie selbst bemerken dann gar nicht mehr, dass der neue Teppich müffelt. Aber Gästen, die zum ersten Mal in Ihre Wohnung kommen, fällt es sofort auf. Es empfiehlt sich in jedem Fall, ungewöhnliche Geruchsempfindungen ernst zu nehmen – insbesondere, wenn sich Reizungen der Augen sowie der Schleimhaut von Nase und Rachen einstellen, für die es keine andere Erklärung (zum Beispiel eine Infektion) gibt, oder wenn Kopfschmerzen, Schwindelgefühl und Müdigkeit immer dann einsetzen, wenn Sie sich in bestimmten Räumen aufgehalten haben.

Was kann ich selbst tun?

Lassen Sie sich im Baustoff- oder Fachhandel beraten, wenn Sie selbst gerade eine Renovierung planen. Achten Sie bei Möbeln und Bodenbelägen, bei Wandfarben und Lacken sowie Tapeten und vergleichbaren Produkten für Ihre Inneneinrichtung auf die Umweltzeichen: Der Blaue Engel (deutsches Umweltzeichen) und die Euro-Margerite (europäisches Umweltzeichen) sind keine Fantasie-Labels, sondern geprüfte Umweltzeichen, die hohen Standards genügen. Sie werden auf Antrag vom Deutschen Institut für Gütersicherung und Kennzeichnung (RAL) im Zusammenwirken mit dem Umweltbundesamt vergeben und lizenziert. Beachten Sie bitte auch die Hinweise, die Sie im Abschnitt „Lüften will gekonnt sein" ab Seite 72 und im Kapitel „Sanieren und Renovieren" ab Seite 147 lesen.

Gesundes Raumklima – von der NASA getestet

„Houston, wir haben ein Problem!" Während der Mondmission Apollo 13 im April 1970 wurde durch die Explosion eines Tanks unter anderem das Luftreinigungssystem des Raumschiffs beschädigt.

Es war daher also logisch, dass sich die NASA – mit Blick auf die Langzeitflüge, die kommen sollten – mit Fragen der Luftreinigung befasste. Bereits 1984 veröffentlichten US-amerikanische Wissenschaftler eine Studie mit dem Titel „Foliage Plants for Removing Indoor Air Pollutants from Energy-efficient Homes" (Blattpflanzen zur Beseitigung von Luftschadstoffen in energieeffizienten Häusern). Jahrelange Forschungen der Weltraumbehörde NASA sollten auf diese Weise auch für kommerzielle Anwendungen empfohlen werden. Seither sind die Erkenntnisse über die reinigende Wirkung der Blattpflanzen immer wieder bestätigt und um neue Anwendungen ergänzt worden. So berichtete 1989 die NASA über eine Studie, mit der die Wirkung von Pflanzen auf die Verbesserung der Innenraumluft untersucht wurde. Sie trägt den bedeutungsschweren Titel „Interior Landscape Plants for Indoor Air Pollution Abetement" oder ins Deutsche übersetzt „Innenraumpflanzen zur Verminderung der Innenraumluftverschmutzung". Es ging dabei um die Luftqualität in Räumen, bei denen man nicht einfach die Fenster öffnen konnte, um mal richtig durchzulüften: Gewöhnlich ist das bei Raumschiffen und Raumstationen der Fall.

Grundsätzlich sind alle Pflanzen aufgrund ihres photosynthetischen Stoffwechsels bei Belichtung in der Lage, Kohlendioxid aus der Luft aufzunehmen und Sauerstoff an die Luft abzugeben. Darüber hinaus können bestimmte Pflanzen besonders effektiv aromatische Kohlenwasserstoffe (wie etwa Benzol), Formaldehyd oder Trichlorethylen aus der Raumluft ausfiltern. Diese natürliche Luftreinigung ist sehr willkommen in geschlossenen Kreisläufen, bei denen die technische Luftreinigung mit hohem Aufwand und beträchtlichem Energieeinsatz erfolgen muss. Die beeindruckenden Zahlen, die man unter Laborbedingungen erreicht – bis zu 80 Prozent des Schadstoffgehalts der Luft wurden innerhalb von 24 Stunden ausgefiltert –, werden sich unter tatsächlichen Lebensbedingungen in einem Haus oder einer Wohnung kaum erreichen lassen. Die

Welche Pflanzen reinigen die Raumluft am besten?

Schadstoff:	Mögliche Quellen:	Besonders erfolgreich:
Benzol	Farben, Lacke, Öle, Kunststoffe, Gummi, Reinigungsmittel, synthetische Fasern, Benzin, pharmazeutische Produkte, Tabakrauch	Gemeiner Efeu (Hedera helix), Efeutute (Scindapsus aureus), Gerandeter Drachenbaum (Dracaena marginata), Drachenbaum Warneckei (Dracaena fragrans), Drachenbaum Janet Craig (Dracaena deremensis), Barberton-Gerbera (Gerbera jamesonii), Garten-Chrysantheme, Einblatt oder Friedenslilie (Spathiphyllum)
Trichlorethen	Reinigungsmittel, Fettlöser, Druckfarben, Farben, Lacke, Klebstoffe	Barberton-Gerbera (Gerbera jamesonii), Garten-Chrysantheme, Einblatt oder Friedenslilie (Spathiphyllum), Drachenbaum Warneckei (Dracaena fragrans), Gerandeter Drachenbaum (Dracaena marginata)
Formaldehyd	Schaumstoffe (Montageschaum), Dämmstoffe, Sperrholz, Pressholzprodukte, Lebensmittelbeutel, Wachspapier, Erdgas, Flammschutzmittel, Kleber und Bindemittel in Bodenbelägen, Tabakrauch	Azalee, Philodendron, Grünlilie oder Grüner Heinrich (Chlorophytum comosum), Efeutute (Scindapsus aureus), Drachenbaum Warneckei (Dracaena fragrans), Bambuspalme (Chamaedorea), Bogenhanf (Sansevieria trifasciata), Birkenfeige (Ficus benjamina), Flamingoblumen (Anthurium), Steckenpalme (Rhapis excelsa), Gummibaum (Ficus elastica)
Toluol	Farben, Lacke, Bodenbeläge, Computerbildschirme, Drucker, Kopierer, Tapeten, Tabakrauch	Zwerg-Dattelpalme (Phoenix roebelenii), Goldfruchtpalme (Dypsis lutescens), Grünlilie oder Grüner Heinrich (Chlorophytum comosum), Gerandeter Drachenbaum (Dracaena marginata), Birkenfeige (Ficus benjamina), Flamingoblumen (Anthurium), Steckenpalme (Rhapis excelsa), Dendrobium, Dieffenbachien

**Natürliche Luft-
reiniger**
Aloe vera (Echte Aloe)
links und Chlorophy-
tum comosum (Grün-
lilie) daneben

NASA-Forscher platzierten bei ihren Unter-
suchungsanordnungen eine Pflanze pro
neun Quadratmeter Fläche, um die optimale
Luftreinigungswirkung zu erzielen. Für die
gewöhnliche Zimmergröße hieße das zwei
bis drei Pflanzen pro Raum. Die wirksamsten Filterpflanzen, die gegen Benzol, Trichlorethylen, Formaldehyd und Toluol wirken,
haben wir in der Übersicht auf Seite 65 zusammengestellt.

Ist CO_2 giftig?

Auch wenn man – etwa im Zusammenhang
mit der Klimafolgenforschung – Kohlenstoffdioxid als „Umweltgift" bezeichnet und
eine Dekarbonisierung der Energieerzeu-
gung anmahnt: Physiologisch gesehen
wirkt CO_2 in natürlicher Konzentration (der
natürliche Anteil in der Atmosphäre beträgt
400 ppm = 0,04 %) nicht als Gift. Aber es be-
hindert in den Lungenbläschen die Sauer-
stoffaufnahme. Wenn ein CO_2-Wert von
1000 ppm in der Raumluft erreicht ist, gilt
diese als „verbraucht". Das grundsätzliche
Gebot der Raumlufthygiene ist es daher, diesen Grenzwert deutlich zu unterschreiten.

In den Innenräumen bewohnter Gebäude
werden erfahrungsgemäß CO_2-Konzentra-
tionen von 600 bis 800 ppm gemessen.
Grundsätzlich muss man wohl davon ausgehen, dass die Luft in Innenräumen immer
etwas schlechter ist als die unbelastete
Frischluft von draußen. Jedenfalls, solange
wir nichts dagegen tun.

→ Schwere Gase

Kohlenstoffdioxid ist schwerer als
Luft. Daher können sich zuweilen hohe Konzentrationen in Bodensenken
oder am Boden von Behältern und Si-
los bilden. Das gilt natürlich für alle
gasförmigen Chemikalien, die schwerer sind als Luft. Tatsächlich entsteht
daraus ein erhöhtes Unfallrisiko, denn
anders als aromatische Substanzen,
die durch ihren Geruch warnen,
schleicht sich CO_2 unbemerkt – im
direkten Wortsinn ruchlos – an.

Kohlenstoffdioxid beeinflusst den pH-Wert
des Blutes. Ein niedriger pH-Wert bedeutet
eine Verschiebung des Säure-Basen-Gleich-

Lassen durchatmen
Dracaena marginata
(Drachenbaum) links
und
Ficus benjamina (Birkenfeige) daneben

gewichts zur sauren Seite, ein hoher pH-Wert zur basischen Seite. Ein niedriger pH-Wert vermindert die Fähigkeit des Hämoglobins – das rote Molekül in den Blutkörperchen, das den Sauerstoff transportiert –, Sauerstoff aus der Lunge aufzunehmen und an die Organe abzugeben. Und dieser niedrige pH-Wert stellt sich bei hoher CO_2-Konzentration ein. Das bedeutet: Bei gleichem Sauerstoffgehalt in der Raumluft wird „saures Blut" weniger Sauerstoff zu den Organen transportieren.

Die Besten unter den Schadstoffkillern

Die folgenden Blatt- und Zierpflanzen haben sich sowohl als Raumbegrüner als auch als Luftverbesserer einen Namen gemacht. Die Übersicht ist alphabetisch geordnet und nicht im Sinne einer Rangfolge zu verstehen:.

Aloe vera, die Echte Aloe, wird nicht nur als Heilpflanze verwendet, sondern hat auch luftverbessernde Wirkung. Im Unterschied zu den meisten anderen Pflanzen setzt sie selbst nachts noch Sauerstoff frei. Sie ist deshalb eine gute Schlafzimmer-

pflanze. Aloe vera filtert Formaldehyd aus der Luft, ist anspruchslos und übersteht auch längere Phasen der Vernachlässigung.

Chlorophytum comosum, die Grünlilie, hat sich hierzulande den Spottnamen „Beamtenpalme" zugezogen, weil sie sehr häufig in Büroräumen zu finden war, wo sie auf irgendeinem Aktenschrank dahinkümmerte. Die Grünlilie filtert Formaldehyd und Toluol aus der Raumluft. Sie ist auch ungefährlich für Katzen, die gerne an ihren Blättern herumnagen.

Drachenbäume gehören zur großen Familie der Spargelgewächse. Für die Luftreinigung haben sich besonders die Dracaena reflexa und die Dracaena marginata (beide auch unter dem Namen Gerandeter Drachenbaum bekannt) und Dracaena deremensis „Janet Craig" empfohlen. Sie wirken gegen Formaldehyd, Benzol und Trichlorethen.

Ficus benjamina, die Birkenfeige, ist unter der Verkürzung des botanischen Namens bekannt: „Ficus" oder „Benjamin". So ein Benjamin kann wirklich vom Strunk zum Baum aufwachsen. Man sollte also bei-

Grüne Helfer
Nephrolepsis exalta
bostoniensis (Boston-
Farn) links und Rhapis
excelsa (Steckenpal-
me) daneben

zeiten einen dauerhaften Standort dafür aussuchen. Denn was er gar nicht leiden kann, sind Ortswechsel. Ficus benjamina wirkt besonders gut gegen Rückstände von Formaldehyd in der Raumluft. Für Bewohner mit einer Latexallergie ist der Benjamin allerdings nicht geeignet, denn die Pflanze gibt Eiweiße in die Raumluft ab, die so eine Allergie auslösen können.

Nephrolepis exalta bostoniensis, der Boston-Farn aus der Familie der Schwertfarne, ist gut für den „Einsatz" in geschlossenen Räumen geeignet. Der Farn liebt die Feuchtigkeit, kommt deshalb besonders gut in Küche oder Badezimmer zurecht, wo er die Luftfeuchtigkeit schätzt und zugleich abbaut. Er bindet und beseitigt Gerüche und Schadstoffe und gilt als eine der schärfsten pflanzlichen Waffen gegen schädliche Substanzen in der Raumluft.

Rhapis excelsa, die Steckenpalme, ist nicht nur ein attraktives Gewächs in mittelgroßen bis großen Zimmern, das pflegeleicht und sogar relativ kälteresistent ist, sie filtert neben Formaldehyd, Toluol und Xylo-len vor allem auch Ammoniak aus der Raumluft.

Scindapsus aureus, bei uns gemeinhin Efeutute genannt, wird ein beträchtlicher luftreinigender Effekt nachgesagt. Diese Blattpflanze gehörte über viele Jahrzehnte zu den beliebtesten Zimmerpflanzen in Wohnung und Büro. Ihr großes Plus ist ihre Anspruchslosigkeit. Sie gedeiht auch in dunklen Ecken, wo andere Pflanzen verkümmern. Allerdings gehört sie zu den Aronstabgewächsen; die Pflanzenteile sind daher giftig und Kinder und Haustiere müssen ferngehalten werden. Empfohlen als Filterpflanze gegen Benzolverbindungen und Formaldehyd, Trichlorethen, Xylole und Toluol.

Pflanzen der Gattung Spathiphyllum sind im deutschsprachigen Raum unter verschiedenen Populärnamen bekannt: Scheidenblatt, Blattfahne, Einblatt oder auch Friedenslilie. Die Gattung gehört ebenfalls zur Familie der Aronstabgewächse. Gegen Trichlorethen ist sie sehr wirksam. Hunde und Katzen sollten von ihren Blättern aber besser nicht naschen.

**Filtern Schad-
stoffe**
Epipremnum aureus
(Efeutute) links und
Spathiphyllum (Ein-
blatt oder Friedensli-
lie) daneben

Luftreiniger

Luftreiniger, Luftwäscher, Ionisatoren, Ozongeneratoren – welche Geräte nutzen wirklich etwas? Und kann man sie unbedenklich einsetzen?

→ „In Amerika, Kanada und in England gehören Raumluftverbesserer bereits zur Haus- bzw. Wohnungseinrichtung wie der Staubsauger und die Kaffeemaschine", stellte das Umweltbundesamt 2014 fest. „In Deutschland und den anderen europäi-schen Ländern sind Luftreiniger noch nicht so verbreitet, jedoch wächst die Nachfrage stetig."

Was leisten sie?
Können sie helfen?

Luftreinigungssysteme gibt es in verschie-denen Leistungs- und Preisklassen. Sie be-dienen sich verschiedener Techniken und Wirkverfahren. Die Preisspanne reicht von ca. 25 bis über 500 Euro.

Luftreiniger mit Filtersystemen nutzen die Filterwirkung bestimmter Materialien.

Am bekanntesten sind die Aktivkohlefilter. Sogenannte HEPA-Filter (HEPA = High Effi-ciency Particulate Air) sind Schwebstofffilter. Diese dienen der Ausfilterung von Pollen, Milbeneiern und Milbenkot, verschiedenen Stäuben, Aerosolen und Rauchpartikeln, aber auch von Bakterien und Viren. Ursprünglich wurden sie um 1942 im Zusammenhang mit dem Manhattan-Projekt – dem Bau der ers-ten Atombombe – entwickelt, weil man ra-dioaktive Partikel zuverlässig aus der Raum-luft filtern wollte.

Reiniger mit elektrostatischem Filter la-den die Verunreinigungen aus der Luft beim Ansaugen elektrisch auf; das Filtersys-tem, das aus mehreren Metallplatten be-steht, fängt die geladenen Partikel auf.

Fotokatalytische Filter arbeiten in der Re-gel mit UV-Licht und einem chemisch behandelten Filter (zum Beispiel Oberflächen, die mit Titandioxid – TiO$_2$ – beschichtet sind).

Ionisatoren arbeiten mittels partieller Ionisation der Luft. Das Einblasen ionisierter Luft (oder das Anblasen von Oberflächen) kann zur statischen Auf- bzw. Entladung führen. Und dieser Staub bindende Effekt dient der Luftreinigung.

→ Reizende Wirkung

Achtung! Ozon selbst, aber auch die Abbauprodukte, die der Einsatz von Ozon mittels Ionisatoren hinterlässt, können bereits in geringen Dosierungen die Atemwege reizen. Sie können sehr tief in die kleinsten Lungengefäße eindringen und dort zu Reizungen bis hin zu Asthmaanfällen führen.

Bei der Anschaffung eines Ionisators oder eines Luftreinigers, dem sich ein Ionisator zuschalten lässt, sollten Sie auf den Hinweis „Ozonfrei" oder „100 % ozonfrei" achten. Die meisten Hersteller geben das in ihren Produktbeschreibungen an. Fehlt der Hinweis, konsultieren Sie bitte am besten eine Fachkraft.

Luftwäscher arbeiten mit einer Wasserwanne und einer Walze, die darin angefeuchtet wird. Der Primärnutzen des Luftwäschers besteht in der Reinigung der Raumluft von Schadstoffen. Ein Sekundär-

effekt ist die schonende Anfeuchtung der Raumluft mittels Kaltverdunstung.

Zimmerbrunnen und -springbrunnen gibt es in verschiedenen Größen und Preisklassen. Wer sich der Lehre des Feng Shui verschrieben hat, wird um einen Zimmerbrunnen nicht herumkommen. Üblicherweise dienen sie zur Dekoration der Wohnräume, oft im Zusammenhang mit einem Arrangement von Zimmerpflanzen.

Unter Umständen holt man sich mit Luftbefeuchtern ein Risiko ins Haus, das man durch die Luftreinigung gerade vermindern wollte: Wo zimmerwarmes Wasser steht, entstehen auch Keime. Dieser Umstand veranlasste das Umweltbundesamt seinerzeit dazu, von der Verwendung von Luftbefeuchtern grundsätzlich abzuraten.

Ozongeneratoren werden in der Werbung häufig mit Luftreinigern gleichgesetzt. Aber sie arbeiten nach völlig anderen Wirkprinzipien.

Flüchtige organische Verbindungen sind im Alltag häufig Träger störender Gerüche. Gegen sie mit einem Oxidationsmittel wie Ozon konzentriert vorzugehen, hat eine gewisse chemische Logik. Doch sollte man sich stets dessen bewusst sein, dass man ein Reizgas gegen Schadstoffe einsetzt, also den Teufel mit dem Beelzebub austreibt.

Gern wird Ozon gegen den Geruch nach Tabakrauch eingesetzt. Gerade bei den Rückständen des Tabakrauchs ist aber Vorsicht geboten. Unter Berufung auf eine kalifornische Studie warnen die Lungenärzte der Deutschen Lungenstiftung vor dem Einsatz von Ozongeneratoren in dauerhaft bewohnten Räumen. Aus der Studie ginge hervor, dass Ozon die Bestandteile des Zigarettenrauchs in so feine Aerosole zerlegt, dass sie selbst in die kleinsten Atemwege vordringen können. Die durch Ozon erzeugten Zerfallsprodukte des Zigarettenrauchs könnten somit noch gefährlicher sein als der Rauch selbst.

❝ Dieser Umstand veranlasste das Umweltbundesamt seinerzeit dazu, von der Verwendung von Luftbefeuchtern grundsätzlich abzuraten.

Über die gesundheitlichen Risiken des Ozons führt das Umweltbundesamt auf seiner Webseite aus: „Die gesundheitlichen Wirkungen von Ozon bestehen in einer verminderten Lungenfunktion, entzündlichen Reaktionen in den Atemwegen und Atemwegsbeschwerden. Bei körperlicher Anstrengung, also bei erhöhtem Atemvolumen, können sich diese Auswirkungen verstärken.

Empfindliche oder vorgeschädigte Personen, zum Beispiel Asthmatiker, sind besonders anfällig und sollten bei hohen Ozonwerten körperliche Anstrengungen im Freien am Nachmittag vermeiden. Ab einem Ozonwert von 180 µg/m³ (1h-Mittelwert) werden dazu über die Medien Verhaltensempfehlungen an die Bevölkerung gegeben." (www.umweltbundesamt.de/themen/luft/luftschadstoffe/ozon)

Außerdem ist nicht auszuschließen, dass Ozon aufgrund seiner hohen Reaktionsfreudigkeit krebserregend wirken kann.

Der Umwelt richtig einheizen?
Angekippte Fenster bei gleichzeitigem Betrieb der Heizung sind die beste Voraussetzung für Wärmeverluste und mangelnden Luftwechsel im Raum.

Lüften will gekonnt sein

Gerade in neu gebauten oder sanierten Wohnungen treten Feuchtigkeitsprobleme und Schimmelbildung besonders häufig auf. Dabei ist Lüften doch so einfach – oder?

Es müsste sich eigentlich schon herumgesprochen haben: In der Heizperiode – und namentlich an kalten Wintertagen – ist das Dauerlüften bei angekipptem Fenster keine Lösung. Es ist nicht einmal wirklich ein Lüften. Das Fenster steht offen. Sonst nichts. Denn was geschieht?

Stellen Sie sich die typische Fenstersituation in einem Ihrer Zimmer vor. Die Tür des Raums zum Rest der Wohnung ist geschlossen, damit es nicht zieht. Unter dem Fenster an der Brüstung befindet sich der Heizkörper. Die Heizung läuft auf mittlerer Stufe.

Das Fenster darüber ist angekippt, also oben einen mehr oder weniger großen Spalt breit geöffnet, unten an der Verriegelung geschlossen. Kalte Frischluft dringt durch den V-förmigen Spalt ein und – kalte Luft ist schwerer als warme – zeigt sofort Neigung, an der inneren Fensterseite nach unten zu „fließen". Sie fällt damit aber genau wohin? Auf den Heizkörper, der die kalte Luft umgehend erwärmt und wieder nach oben treibt. Auf halbem Weg kommt der frisch erwärmten Luft neue Kaltluft entgegen, sie muss daher ausweichen und entweichen – und

Die Experten-meinung

Schimmel an der Schlafzimmerwand muss nicht sein: Wenn man im Winter bei offenem Fenster schläft, stellt man die Heizung aus oder auf Frostschutz. Dann schließt man die Schlafzimmertür, damit nicht der Rest der Wohnung auskühlt. Und morgens macht man als Erstes das Fenster zu, als zweites die Heizung an. Wichtig: Die Schlafzimmertür bleibt zu, damit nicht die warme, feuchtigkeitsbeladene Luft aus der übrigen Wohnung sich mit der Kaltluft aus dem Schlafzimmer vermischt und das Wasser an den kalten Wänden kondensiert.

Ekkehardt Weyrauch, Architekt

das tut sie durch den oberen Bereich, den das schräg stehende Fenster als Fluchtweg anbietet. Auf diese Weise entwickelt sich direkt vor dem Fenster eine Warmluftwalze, die sich wie ein Vorhang vor das Fenster legt und einen wirksamen Luftaustausch verhindert. Aber es ist ein teurer – weil energiefressender – Vorhang. Das Einzige, was Sie damit relativ wirkungsvoll erreichen, ist das allmähliche Kühlen der Bauteile rund um das angekippte Fenster.

Natürlich laden die sehr häufig verbauten Drehkippflügelfenster regelrecht dazu ein, „nur mal ein bisschen" zu lüften. Was im Sommer komfortabel ist, hat im Winter sehr eindeutige Nachteile.

Wenn man die Heizung abstellt, während das Fenster auf Kipp steht, spart das zwar Heizenergie, aber man ist bei dem Projekt, die Bauteile rund um die Fensteröffnung abzukühlen, viel erfolgreicher. Sicher wird man das Schlafzimmer, wo diese Lüftungsmethode häufig praktiziert wird, gegenüber der restlichen Wohnung, in der man es ja schön warm haben will, verschließen. So wird sich nicht nur die Luft, so können sich auch die Zimmerwände während eines kalten Tages ordentlich abkühlen. Irgendwann kommt dann der Moment, dass man die Tür zum Schlafzimmer öffnet, etwa wenn man schlafen gehen will. Es ist ja jetzt schön kühl im Schlafzimmer. Was macht schon das bisschen warme Luft, die aus der Wohnung nachströmt ...

Stoßlüften
Vor dem Lüften schließen Sie die Heizkörperventile oder drehen die Raumthermostate zurück. Bei Frost müssen die Heizkörperventile in die Position Frostschutz gedreht werden; die Heizung springt dann bei etwa 5 °C automatisch an, um das Einfrieren des Heizungswassers zu verhindern. Je nach Bauart des Fensters soll beim Stoßlüften das Fenster so weit wie möglich geöffnet werden. Die Wirkung des Stoßlüftens basiert

auf der Differenz zwischen mittlerer Raum-
lufttemperatur und Umgebungstempera-
tur. Entgegen der Auffassung, dass nur
Querlüften einen vollständigen Luftaustausch sichere, kann das Stoßlüften auch
bei einseitigen Wohnungen den gewünschten Luftwechsel bringen. Es dauert nur ein
paar Minuten länger.

Querlüften

Sorgen Sie, wenn möglich, beim Lüften für
Durchzug, um einen schnellen Luftaustausch zu gewährleisten: entweder durch
gegenüberliegende Fenster der Wohnung
oder durch Einbeziehung des Hausflurs. Mit
dieser Durchzuglüftung kann – rechnerisch
– das bis zu Vierzigfache der Raumluft innerhalb einer Stunde ausgetauscht werden.
Und: Je schneller der Luftwechsel erfolgt,
desto mehr Wärme bleibt in den Wänden
gespeichert, in Möbeln und Einrichtungsgegenständen erhalten. Und je mehr gespeicherte Wärme erhalten bleibt, desto schneller erwärmt sich die frisch zugeführte kalte
Luft auch wieder.

Kritiker wenden ein, dass sich der Raum
nach dem Stoßlüften, sobald sich die Frischluft wieder erwärmt, durch Desorption aus
den umgebenden Bauteilen und Einrichtungsgegenständen, wieder anfeuchtet. Das
stimmt zwar prinzipiell, aber es handelt sich
dabei um genau die Feuchte, die zuvor von
den Bauteilen absorbiert wurde. Diesen Effekt kann man sich beim Trockenlüften zunutze machen.

Trockenlüften

Was tun, wenn an Zimmerwänden Schimmel aufgetreten ist? Wenn sich die ersten
„Kulturen" von Pilzbefall zeigen? In dem Fall
ist es wenig sinnvoll, die Schimmelpilze nur
einfach abzuwischen, abzubürsten oder mit
Chemikalien zu reinigen. Abbürsten ist ohnehin die schlechteste Lösung; sie scheint
zwar die Tapete zu schonen, birgt aber die
Gefahr, dass man die Sporen der Schimmelpilze (siehe Seiten 35 ff.) aufwirbelt und mit
der Bürste oder am Körper oder der Garde-
robe anhaftend in der Wohnung verteilt.

Auch ein einfaches Überstreichen mit
Farbe, die wirksame Fungizide enthält, ist
nur dann sinnvoll, wenn man die Ursache
der Schimmelbildung erkannt und beseitigt
hat. Welche Maßnahmen nötig sind, hängt
von der Art des Raumes und der Größe des
Befalls ab. Im Folgenden gehen wir davon
aus, dass es sich um einen normalen Wohn-,
Schlaf- oder Funktionsraum handelt, der beheizbar ist und über Lüftungsmöglichkei-
ten – idealerweise über Fenster – verfügt.
Und so gehen Sie vor:

1 Zunächst müssen die durchfeuchteten
Oberflächen, auf denen sich Schimmel
gebildet hat oder sich Schimmel bilden
kann, gründlich ausgetrocknet werden.
Dazu werden im betreffenden Raum
die Fenster für zehn Minuten weit geöffnet. Gut, wenn man gleichzeitig für
Durchzug sorgen kann. Sollte der Wohnungsgrundriss ein Querlüften nicht
erlauben, scheuen Sie sich nicht, für

den Lüftungsvorgang vorübergehend Ihre Wohnungstür und ein Fenster im Hausflur zu öffnen.

❷ Dann schließen Sie die Fenster und drehen die Heizung auf die höchste Stufe auf. Das kostet natürlich mehr Heizenergie, als Sie bei kontinuierlichem Heizen auf mittlerer Energie aufbringen müssten, aber es ist zum Trockenlüften leider notwendig. Nach drei bis vier Stunden hat sich die Raumluft mit Feuchtigkeit aus dem Baukörper angereichert. Sie können diese erneut ablüften – wiederum als Stoßlüftung mit Durchzug.

❸ Diesen Vorgang wiederholen Sie so lange, bis die Feuchtigkeit aus den Bauteilen verschwunden ist. Wenn Sie unsicher sind, messen Sie die Feuchtigkeit an der Wandoberfläche. Sehr einfache Messgeräte sind schon für 20–25 Euro erhältlich, etwas bessere kosten um die 75 Euro. Mit diesen Geräten können Sie auch den Feuchtegrad im Kaminholz messen.

❹ Ist die betroffene Wand mit Möbeln verstellt, empfiehlt es sich, die Möbel von der Wand etwas abzurücken, auch wenn das zusätzlichen Aufwand bedeutet. Sie verbessern damit die Luftzirkulation entlang des Bauteils und verhindern ein Übergreifen des Schimmelpilzes auf die Möbel. Sie können die Luftzirkulation weiter verbessern, wenn Sie an geeigneter Stelle einen Ventilator

aufstellen, ohne die Schimmelstellen direkt anzublasen.

❺ Nach der Abtrocknung können Sie den Schimmelpilz mit geeigneten Chemikalien (siehe Seite 40) beseitigen.

Richtiges Lüften unterstützen

Beseitigen Sie möglichst alle Umstände, die ein schnelles und effektives Lüften während der Heizungsperiode behindern. Manchmal greift das in lieb gewordene Gewohnheiten ein.

Werden die Heizkörper durch Verkleidungen, lange Vorhänge oder vorgebaute Möbel verstellt, kann die Wärme nicht richtig an den Raum abgegeben werden. Lange Vorhänge hatten früher eine wichtige Funktion, die über das Dekorative hinausging. Sie sollten die kalte Zugluft, die im Winter durch die Fensterritzen drang, möglichst fernhalten. Lange Vorhänge können auch heute noch schön aussehen. Aber müssen sie deshalb gleich beheizt werden?

Den gleichen negativen Effekt kann der ererbte, schwere Eichenholzschreibtisch haben, den man direkt vors Fenster rückt, weil man da beim Arbeiten das beste Licht und die beste Aussicht hat. Aber auch damit heizt man nicht den Raum, sondern die Rückwand des Schreibtischs. Durch den Wärmestau erhöhen sich die Wärmeverluste und das Wärmemessgerät registriert einen höheren Verbrauchsanteil für die Heizenergieabrechnung, als Sie eigentlich genutzt haben. Versteckte, verbaute oder ver-

Lüftungszeiten für vollständigen Luftwechsel bei Windstille

Lüftung in den Monaten	Lüftungsdauer bei Stoßlüftung in Minuten
Dezember, Januar, Februar	4–6
März, November	8–10
April, Oktober	12–15
Mai, September	16–20
Juni, Juli, August	25–35

Luftwechselrate

Bei der Fensterlüftung hängt die durchschnittliche Luftwechselrate nicht zuletzt davon ab, wie oft, wie lange und wie weit die Fenster geöffnet werden, ob eine Möglichkeit der Querlüftung besteht, von Temperaturen und Windgeschwindigkeit und davon, in welcher Jahreszeit gelüftet wird. Herrschen im Sommer nur geringe Temperaturunterschiede zwischen Innen und Außen, entsteht nur eine schwache Luftströmung, es muss länger gelüftet werden.

Das Raumluftvolumen ist ein starker – wenn auch vom Nutzer nicht beeinflussbarer – Faktor. Eine energetisch sanierte Vierzimmerwohnung aus der Gründerzeit mit Deckenhöhen von 3,30–3,60 m schneidet raumlufttechnisch besser ab als eine Ein- bis Zweizimmerwohnung aus der Zeit um 1950 mit Deckenhöhen von 2,50–2,60 m mit dem gleichen Sanierungsstatus.

Ein weiterer wichtiger Faktor: Je mehr Menschen – und Haustiere – die Wohnung bewohnen, desto mehr Feuchtigkeit wird eingetragen. Und dann beeinflussen die Aktivitäten der Bewohner das Raumklima: Wird viel und lange gekocht oder nur mal schnell die Mikrowelle angeworfen? Wird in der Wohnung Wäsche gewaschen und getrocknet?

stellte Heizkörper können die Frischluft, die nach dem Stoßlüften kühl ist, viel schlechter aufwärmen. Und auch das treibt die Kosten in die Höhe.

Räume ohne Fenster – in vielen Wohnungen betrifft das eingebaute Küchen oder Bäder – verfügen in der Regel über einen Bedarfslüfter, der im Wesentlichen als Entlüfter arbeitet und verbrauchte Luft oder schlechte Gerüche nach draußen befördert. Auch diese Räume können beim Lüften eines angrenzenden Zimmers mitgelüftet werden. Die angrenzenden Türen zu anderen Räumen der Wohnung sollten dann geschlossen bleiben und die Entlüfter angeschaltet werden.

Sonderfall Schachtlüftung

Die Schachtlüftung erfolgt über eigens angelegte Luftschächte. Sie wird regelmäßig ohne Motorisierung betrieben. Vielmehr nutzt sie den Auftrieb, der auf Druck- und Temperaturunterschieden beruht, ähnlich dem Kamineffekt bei einem Schornstein. Auch Außenluftschächte durch vorhandene Rohre oder nicht mehr zur Heizung genutzte Schornsteine können für die Schachtlüftung genutzt werden (vgl. Abschnitt „Feuchter Keller" ab Seite 134).

Bei der Schachtlüftung unterscheidet man die Berliner, Dortmunder und Kölner Lüftung. Sie unterscheiden sich durch die Art der Frischluftzufuhr.

Beim Berliner System wird die verbrauchte Luft via Entlüftungsschacht aus dem Raum abgeleitet. Zuluft strömt aber nur auf „natürlichem Weg" nach, das heißt durch Ritzen, Fugen, Türschlitze und andere Undichtigkeiten. Auf gesonderte Zuluftschächte verzichtet das Berliner System. Bei Neubauten und Sanierungen darf es nach der Energieeinsparverordnung (EnEV) nicht mehr angewendet werden.

Beim Kölner System hingegen gibt es jeweils eigene Ab- und Zuluftschächte. Frischluft strömt dabei von außen ohne Vorwärmung direkt in den Raum. Dabei kann natürlich kalte Zugluft auftreten, die zum Beispiel in einem Badezimmer als negativ empfunden wird.

Beim Dortmunder System verläuft die Ab- und Zuleitung der Luft über getrennte Schächte, aber die Zuluft wird nur indirekt in die Räume geleitet. Das erfolgt über einen eigenen Verteilerschacht (Querschacht), der in den Flur führt. Dort wird die kalte Zuluft zunächst von der Heizung erwärmt und gelangt erst dann, etwa über Überströmgitter in den Zimmertüren, in die übrigen Räume, die belüftet werden sollen. Das unangenehme Empfinden durch kalte Zugluft, bei der man das Gefühl hat, kalte Füße zu bekommen, wird damit ausgeschlossen.

Eine Alternative zur motorlosen Schachtlüftung ist die Ergänzung mit elektrischen Ventilatoren, separat zu schalten oder an den Lichtschalter gekoppelt. Auch Zeitschaltuhren und Timer lassen sich mit den Ventilatoren verknüpfen. Direkt auf die Luftfeuchtigkeit im Raum reagieren Lüfter mit hygrostatischer Steuerung.

Der hygienische Mindeststandard liegt bei einer Luftwechselrate von 0,3/h. Das heißt, innerhalb einer Stunde sollte ein Drittel der Raumluft ausgetauscht werden. Unterhalb dieses Wertes entstehen Geruchsprobleme, die Belastung mit Staubpartikeln und Mikroorganismen wächst, die Konzentration von Kohlenstoffdioxid steigt über das verträgliche Maß hinaus und unter Umständen können sich zu hohe Radonkonzentrationen in der Raumluft bilden.

Lüftungstechnik

Grundsätzlich gilt: Ist der zum Feuchteschutz notwendige Volumenstrom durch Infiltration (also im Wesentlichen durch Undichtigkeiten der Gebäudehülle) nicht mehr zu erreichen, dann sind lüftungstechnische Maßnahmen erforderlich.

Moderne und energieeffiziente Gebäude werden mit einer weitgehend luftdichten Gebäudehülle versehen. Das gilt auch für modernisierte und sanierte Bauten. Die Energieeinsparverordnung (EnEV) schreibt das vor. Aber sie schreibt ebenfalls vor: „Zu errichtende Gebäude sind so auszuführen, dass der zum Zwecke der Gesundheit und Beheizung erforderliche Mindestluftwechsel sichergestellt ist."

Kontrollierte Lüftung

Um die durch alle Dämmmaßnahmen eingesparte Heizenergie beim Lüften nicht gleich wieder zum Fenster hinauszublasen, können moderne Lüftungssysteme für eine kontrollierte Lüftung sorgen. Betreibt man eine Lüftungsanlage, kann man die gewünschte Luftwechselrate definieren und natürlich (über die Drehzahl der eingebauten Ventilatoren) auch variieren. Damit erzielt man eine gute Luftqualität auch mit einer geringeren Luftwechselrate. Dabei richtet sich die Dimensionierung der Lüftungsanlage nach der Nutzung der Räume. Auch wenn man die Wohnung prinzipiell als Ganzes betrachten muss, weil die einzelnen

Räume einer Wohnung nicht hermetisch voneinander abgeschottet sind: Für Räume mit besonderen Feuchtigkeits- und Geruchsbelastungen sind höhere Luftwechselraten günstig als für ein Schlafzimmer, das tagsüber leer steht. Und in der Nacht erlebt das Schlafzimmer einen viel stärkeren Feuchtigkeitseintrag als das Wohnzimmer, das nachts leer steht.

Die Luftqualität, die man erreichen oder erhalten will, ist nicht nur von Luftwechselraten und diversen Belastungen abhängig, sondern auch von der Art, wie die Frischluft zugeführt wird. Unnötig hohe Luftwechselraten bringen nur Nachteile.

▶ In der Heizperiode führen sie zu unnötigen Wärmeverlusten. Diese lassen sich allerdings mittels Wärmerückgewinnung in der Lüftungsanlage minimieren.

▶ Eine zu starke Entfeuchtung der Raumluft kann zu einer zu niedrigen Luftfeuchtigkeit führen. Auch hier gibt es Möglichkeiten der Feuchterückgewinnung in Lüftungsanlagen.

▶ Starke Luftströme, hervorgerufen durch eine Lüftungsanlage, können als unangenehm empfunden werden, besonders wenn die Frischluft kalt zugeführt wird. Es fühlt sich an, als ob man „im Zug sitzt".

Lüftungskonzept nach DIN 1946–6

Die DIN 1946–6 fordert im Zusammenhang mit den Regelungen der Energieeinsparverordnung, dass der Planer eines Neubaus oder einer Sanierung ein Lüftungskonzept erstellt, wenn bei der Maßnahme mehr als ein Drittel der Fenster ausgetauscht oder mehr als ein Drittel der Dachfläche abgedichtet wird. Dieses Konzept ist vom zuständigen Lüftungsplaner (Architekt, Fachingenieur, Fachhandwerker oder Bauunternehmer) unter Berücksichtigung der jeweiligen baulichen Gegebenheiten vor Ort anzufertigen.

→ Lüftung von Wohnungen

Den Rahmen für Planung, Umsetzung und Nachweis eines geeigneten Lüftungskonzepts liefert die DIN 1946–6 „Lüftung von Wohnungen". Die Norm wurde nach mehrjähriger Überarbeitung 2009 veröffentlicht. Interessant für Bauherren: Die Vorlage eines Lüftungskonzepts ist Voraussetzung für eine Förderung der Bau- und Sanierungsmaßnahmen durch die Kreditanstalt für Wiederaufbau (KfW). Wird das Lüftungskonzept vernünftig umgesetzt, stellt es bei Neubauten und Modernisierungen einen ausreichenden Luftaustausch sicher.

Wenn Sie als Mieter in einen Neubau oder in einen frisch sanierten Bau einziehen, sollten Sie nach dem Lüftungskonzept fragen, um nicht im Nachhinein mit Anforderungen an Ihr Lüftungsverhalten konfrontiert zu werden, die Sie möglicherweise gar nicht erfüllen können. Es hat schon manchen Rechtsstreit erspart, wenn man vorher in die Verträge schaut.

Lüftungsanlagen

Erweist sich die natürliche Fensterlüftung als unzureichend, muss man Maßnahmen ergreifen, um die luftdichte Gebäudehülle auf kontrollierte Weise wieder undicht zu machen. Klingt sonderbar, ist aber so. Auf kontrollierte Weise heißt dabei: mit minimalen Energieverlusten statt mit dem Dauerzug, der vor 100 Jahren durch Fensterspalten und Türritzen pfiff. Die Belüftungstechnik bekommt heute eine immer größere Bedeutung. Entscheidend ist, dass die Lüftung nach der DIN 1946–6 nutzerunabhängig funktioniert, das heißt auch in Abwesenheit der Bewohner.

Fensterlüfter mit Wärmerückgewinnung

Moderne Fensterlüfter haben eine Wärmerückgewinnung aus der Abluft von mehr als 70 Prozent. Sie arbeiten in der Regel auch – zumindest in der Feuchteschutzstufe – so leise, dass sie den Anforderungen an eine ruhige Nacht auch im Schlafzimmer gerecht werden.

**Fensterlüfter mit Wärmerück-
gewinnung**
Frischluftzufuhr, aber ohne die großen Wärmeverluste des permanent gekippten Fensters

Nicht nur für Wandfenster gibt es Lüfter mit Wärmerückgewinnung. Ein führender Anbieter für Dachfenster hat 2014 für seine Fensterelemente einen Fensterlüfter vorgestellt, mit dem sich der nutzerunabhängige Mindestluftwechsel (und mehr als das) erreichen lässt, ohne dass Heizenergie durch abziehende Raumluft verloren geht.

Hygrostatisch gesteuerte Lüfter

Bei einem hygrostatisch gesteuerten Lüfter handelt es sich um ein einfaches Element, das am Fenster montiert wird (oder in fensterlosen Räumen an der Öffnung des Luftschachts). Auch bei fest geschlossenen Fenstern kann man die Zufuhr von Frischluft in das Rauminnere erreichen. Dank der hygrostatischen Steuerung funktioniert das Ventilationssystem automatisch; der Lüfter muss nicht mehr eigens geöffnet oder geschlossen werden.

Eine Lüftungsanlage kann aber auch im Sommer etwas bringen – zwar nicht in erster Linie Energieeinsparung, aber gesunden Schlaf. Sofern man an einer belebten Straße wohnt und nachts nicht bei offenem Fenster schlafen kann, sorgt eine Lüftungsanlage für ein angenehmes Raumklima und einen ruhigen Schlaf; die Lüftungsanlage wirkt hier gewissermaßen auch als Lärmdämmung. Darüber hinaus sind die integrierten Filter dem Wohlbefinden förderlich. Autoabgase bleiben draußen. Und auch wenn der Nachbar des Nachts auf dem Balkon noch schnell eine Zigarette raucht, wird Sie sein Qualm nicht mehr im Schlafzimmer belästigen.

→ Zur weiteren Information

Das Europäische Testzentrum für Wohnungslüftungsgeräte (TZWL) veröffentlicht regelmäßig ein Bulletin, das eine Überblicksdarstellung der angebotenen und getesteten Lüftungstechnik für Wohnräume enthält. Die Bulletins werden regelmäßig aktualisiert. Herunterzuladen sind sie unter www.tzwl.de/downloads/category/1-tzwl-ebulletin

Wer muss lüften?
Mieter gegen Vermieter

Dita Kemrová, seit 2013 bei LOH Rechtsanwälte Berlin, ist spezialisiert auf Mietrecht, Zivilrecht und Zivilprozessrecht, internationales Privat- und Verfahrensrecht und das Recht der Tschechischen Republik.
Olaf Gratzke, Rechtsanwalt, Diplom-Verwaltungswirt und Lehrbeauftragter an der Hochschule für Wirtschaft und Recht, Berlin, ist Sozius bei LOH Rechtsanwälte Berlin

Kann der Vermieter vom Mieter ein Verhalten erwarten, dass mit dem üblichen Tagesablauf eines arbeitenden Menschen nicht in Übereinstimmung zu bringen ist? Oder muss der Vermieter seinerseits sicherstellen, dass in der Mietsache ein Luftwechsel erfolgen kann, ohne dass der Mieter der Wohnung eigens einen „Lüftboy" anstellen muss?

Dita Kemrová: Grundsätzlich muss man erst einmal schauen, was im Mietvertrag geregelt ist. Hat man da eine Vereinbarung unterschrieben, in der sich der Mieter zu einem bestimmten Lüften oder Heizen verpflichtet hat? Wenn es so ein Vereinbarung nicht gibt, kommen wir zu der Frage: Was ist dem Mieter zumutbar? Wenn es über den Rahmen des Zumutbaren hinausgeht, kann

man von einem Mangel der Mietsache ausgehen. In der Frage der Zumutbarkeit gibt es eine sehr breit gefächerte Rechtsprechung. Die Amtsgerichte kommen den Mietern hier oft entgegen. Die Gerichte schauen sich den Einzelfall an: Ist es beispielsweise eine Familie mit mehreren Kindern, wo ein Elternteil zu Hause ist, dann kann man auch verlangen, dass öfter gelüftet wird, denn in der Wohnung passiert ja auch den ganzen Tag über etwas, Wäsche wird gewaschen, Feuchtigkeit tritt ein usw. Oder ist es ein erwerbstätiges Paar, wo beide morgens die Wohnung verlassen, abends zurückkommen; daran wird auch das Lüftungsverhalten zu messen sein. Der BGH hat in einer Entscheidung von 2007 gesagt, dass es zumutbar sei, „eine etwa 30 qm große Wohnung bei Anwesenheit von zwei Personen während des Tages insgesamt vier Mal durch Kippen der Fenster für etwa drei bis acht Minuten zu lüften." Dabei war noch nicht einmal von Stoßlüftung die Rede.

Olaf Gratzke: Die Intention der Rechtsprechung ist, dass der Mieter selbst berücksichtigen muss, wie er die Wohnung nutzt und sie dementsprechend angepasst lüftet. Sind Sie den ganzen Tag zu Hause und sind außerdem noch Kinder in der Wohnung, werden Sie schon nach kurzer Zeit merken, dass Sie mal wieder lüften müssen, weil die Luft schlecht geworden ist. Wenn Sie keine Luft bekommen, ist das ein Alarmzeichen, auf das Sie als Mieter schon reagieren sollten. Sind Sie den ganzen Tag nicht da, gibt es auch keinen Verbraucher von Frischluft. Hängen Sie hingegen im Winter in der Wohnung Wäsche auf, muss Ihnen einleuchten (und dieses Allgemeinwissen setzt die Rechtsprechung voraus), dass die Feuchtigkeit aus der Wäsche sich buchstäblich in Luft auflöst, das heißt in der Luft weiter vorhanden ist. Dort muss sie aber auch wieder raus, und der einfachste Weg, das zu erreichen, ist: Lüften.

Nun gibt's ja auch Lüftungssysteme, zum Beispiel Lüftungen mit hygrostatischer Steuerung, die in dem Moment zu lüften beginnen, wenn der Feuchtigkeitsgehalt der Raumluft einen bestimmten kritischen Wert überschreitet. Oder es gibt unauffällige Fensterfalzlüfter. Kann ich als Mieter darauf bestehen, mir so etwas einzubauen, oder kann ich verlangen, dass es mir eingebaut wird?

Dita Kemrová: Das hängt auch wieder davon ab, was im Mietvertrag vereinbart wurde. Aber grundsätzlich braucht man bei allen Maßnahmen, die in die Bausubstanz eingreifen, die Zustimmung des Vermieters.

Nur kleinste Eingriffe, die wieder spurlos beseitigt werden können, darf der Mieter in eigener Verantwortung vornehmen. Das ist bei einem Fensterfalzlüfter nicht ohne Weiteres der Fall. Und schon erst recht nicht bei einem Lüfter, der einen Ausgang an der Außenwand benötigt. Das wäre ein massiver Eingriff.

Da sagt der BGH, dass dem Vermieter freies Ermessen zusteht, ob er das zulassen will. Immer müssen die Interessen abgewogen werden. Und wenn er dem Mieter erlaubt, einen Lüfter einzubauen, kann er sich auch eine entsprechende Kaution geben lassen, um sicherzustellen, dass am Ende des Mietverhältnisses alles wieder spurlos zurückgebaut wird. Ein anderer Fall liegt vor, wenn festgestellt wird, dass angemessenes Lüften und Heizen nicht ausreichen, um ein Feuchtigkeitsproblem zu lösen – dann ist die Mietsache mangelhaft, und dann muss der Vermieter tätig werden. Aber auch hier liegt es in seinem Ermessen, *wie* er den Mangel beheben lässt.

Olaf Gratzke: Wenn die Wohnung – in der beschriebenen Weise – mangelhaft ist, dann ist es auch schwer vorstellbar, dass der Einbau eines Lüfters die einzige Möglichkeit ist, das Problem zu lösen. Wahrscheinlich bestehen dann noch ganz andere Probleme.

Licht und Wärme

Ob wir uns in unserer Wohnung wohlfühlen, dafür sind vor allem die Lichtverhältnisse entscheidend. Tageslicht ist ein Lebenselixier für jeden Menschen.

Eine sonnenlose Nordseite kann vielleicht für ein Maleratelier attraktiv sein, die meisten Menschen werden aber eine Ost-West-Ausrichtung oder einen Südbalkon für ihr tägliches Wohlbefinden bevorzugen.

Nicht nur für den Durchblick
Tageslicht kommt, von wenigen architektonischen Sonderlösungen abgesehen, überwiegend durch Fenster in unsere Wohnung – Wandfenster ebenso wie Dachfenster, Eckfenster und andere Lösungen, die sich Architekten und Fensterbauer im Laufe der Jahrhunderte haben einfallen lassen. Die Belichtung der Wohnräume kann somit als vorrangige Bestimmung des Fensters angesehen werden.

Die Fensterfläche soll nach altem Herkommen mindestens ein Zehntel bis ein Siebtel der Grundfläche des Raumes betragen. Diese Faustformel ist in der Praxis indes meist zu grob. Sie berücksichtigt nicht Lage und Anordnung der Fenster sowie das Umfeld (Verschattung). Die Normen der DIN 5034 (Innenraumbeleuchtung mit Tageslicht) geben die Berechnung eines Tageslichtquotienten vor. Nicht umsonst muss das Thema Verschattung baurechtlich immer wieder gewürdigt werden.

Ein weiterer, althergebrachter Zweck des Fensters ist die Belüftung. Aus der Etymologie des dänischen Wortes vindue lässt sich schließen, dass das Fenster früher nur ein schmales Loch war, das der Regulierung des Luftzugs über einer Feuerstelle diente, wenngleich der zweite Bestandteil des Wortes, das Auge, schon immer auf das Licht hindeutete. Über die verschiedenen Lüftungsarten mittels Fenstern lesen Sie ab Seite 72.

Zudem erfüllt das Fenster die wichtigen Funktionen des Schall-, Kälte- und Wärmeschutzes. Namentlich beim Kälteschutz sind Bauweisen, die früher üblich waren, heute weitgehend außer Gebrauch gekommen: etwa das außen vorgehängte Zusatzfenster, das – mit dem eigentlichen Fenster verhakt – ein sogenanntes „Winterfenster" bildete.

Über die Kälteschutzwirkung eines Fensters gibt sein U-Wert Auskunft. Der U-Wert bezeichnet den Wärmedurchgangskoeffizienten. Er bestimmt, wie viel Wärmeenergie ein Bauteil von einer Seite auf die andere durchlässt. Je kleiner die Zahl des U-Wertes,

Typische U-Werte von Bauteilen

Bauteil	Dicke	U-Wert (W/m²K)
Betonwand	25 cm	3,3
Mauerziegel	24 cm	ca. 1,5
	36,5 cm	ca. 0,8
Mauerziegel (17,5 cm) mit PUR Wärmedamm-verbundsystem	30 cm	ca. 0,32
Außenwand aus Planziegel	50 cm	0,17– 0,23
Außenwand aus Massivholz	20,5 cm 36,5 cm	0,5 0,18–0,23
Außenwand aus Porenbeton	40 cm 50 cm	0,16–0,21 0,12–0,15
Einfachfenster	4 mm	5,9
Fenster mit Isolierverglasung	2,4 cm	2,8–3,0
Fenster mit Wärme-schutzverglasung	2,4 cm	ca. 1,3
Fenster im Passivhausstandard	Bis 5,4 cm	0,5–0,8

desto höher ist die wärmedämmende Eigenschaft des Bauteils. Je größer die Zahl des U-Wertes, desto schlechter dämmt das Bauteil.

Die thermische Qualität der Fenster – sowohl was Verglasung als auch, was Rahmen und Flügelkonstruktionen betrifft – hat sich in den letzten zwei Jahrzehnten so stark verbessert, dass Fenster heute keine Wärmebrücken mehr sein müssen, über welche die Heizenergie aus dem Gebäude entweicht. In Neubauten dürfen sie es auch gar nicht mehr.

Wenn die Sonne knallt

In die umgekehrte Richtung wirkt das Fenster als Hitze- und Lichtschutz. So willkommen uns jeder Sonnenstrahl im Winter ist, so empfindlich reagieren wir auf eine Überhitzung der Räume im Hochsommer. Fensterglas erzeugt nicht nur im Winter, sondern auch im Sommer einen Treibhauseffekt. Darum hat man sich viele Methoden ausgedacht, um ein Fenster im Sommer wirkungsvoll zu beschatten.

Verschattungslösungen vor dem Fenster – Rollläden, Fensterläden und Markisen – halten bis zu 75 Prozent der Sonneneinstrahlung ab, innenliegende Verschattungen nur bis zu 25 Prozent. Ist eine Installation von Markise, Rollladen oder Fensterladen nicht möglich, bleibt als Notlösung das Aufbringen einer Sonnenschutzfolie außen auf das Fensterglas. Diese Sonnenschutzfolien halten aber auch im Winter die Sonnenstrahlen zurück und außerdem sind sie schwer wieder zu entfernen. Eine Alternative für ganz heiße Tage – und so viele gibt's davon ja bei uns gar nicht – kommt aus dem Do-it-yourself-Baukasten: Dünne Stoffbahnen werden über den Fensterflügel gespannt – auch Spannbettlaken eignen sich zum Beispiel.

Für Innenlösungen sind Scheibenrollos mit reflektierender Außenfläche gut geeignet. Sie erfordern nur einen geringen Montageaufwand. Je kleiner der Luftraum, der sich hinter der Scheibe aufheizen kann, desto wirksamer der Sonnenschutz. Aber natürlich tut hier auch der klassische Vorhang seinen Dienst.

Im Übrigen gehört zu einem gesunden Schlaf, dass es im Schlafzimmer dunkel ist. Im Winter kein Problem – im Sommer schon, wenn die Morgensonne den Schläfer zur Unzeit weckt. Im Schlafzimmer sollte also immer eine Verdunkelungsmöglichkeit bestehen.

Kommt es nur auf Verdunkelung oder Sichtschutz an, nicht aber auf Hitzeschutz, ist eine Außeninstallation nicht erforderlich. Eine große Auswahl an unterschiedlichen Systemen steht zur Verfügung: Wabenjalousien, Plissees, Flächenvorhänge, Rollos, die altbekannte Kombination aus Stores und Vorhängen ... Systeme, die unterschiedliche Stoffqualitäten – etwa transparente, halbtransparente oder lichtdichte Stoffe – kombinieren, erlauben die größte Variabilität.

HÄTTEN SIE'S GEWUSST?

Im Altnordischen bedeutet vindauga, das Wort für Fenster, wörtlich übersetzt „Windauge"; das Wort ging ins Dänische als vindue ein und die dänischen Wikinger brachten es im 9. Jahrhundert auf die britischen Inseln, dort blieb es schließlich als window der englischen Sprache erhalten. Kaum jemand, der heute mittels eines Windows-Computers kommuniziert, wird sich den Zusammenhang seiner Benutzeroberfläche mit dem altnordischen Windauge bewusst machen.

Unser deutsches Wort Fenster kommt aus dem Lateinischen (fenestra), im Italienischen wurde es zu finestra, im Französischen zu fenêtre. Selbst das Altenglische kannte noch das fenester, bevor die Dänen ihr „Windauge" auf der Insel ließen.

Tageslicht durchflutet den Salon.
Gemälde des dänischen Malers Vilhelm
Hammershøi (1864–1916)

Wie wirkt Tageslicht?

Was wir als weißes Tageslicht wahrnehmen, ist nur ein kleiner
Ausschnitt aus dem großen Spektrum elektromagnetischer
Strahlung. Nur ein schmaler Bereich mit Wellenlängen zwi-
schen 380 und 780 Nanometern bildet das für uns sichtbare
Licht.

Und sichtbar bedeutet, dass die elektromagnetische Strahlung in diesem
Wellenbereich vom menschlichen Auge absorbiert und in Seheindrücke umgesetzt
werden kann. Unser Sehapparat verknüpft
bestimmte Wellenlängen des Lichts mit
Farbempfindungen. So nehmen wir Wellenlängen zwischen 380 und 440 Nanometern
als Violett wahr, zwischen 630 und 780 Nanometern interpretieren wir Farbtöne als
rot, im Feld dazwischen sehen wir gelb, grün
und blau. Das Auge des Menschen reagiert
nicht auf alle sichtbaren Wellenlängen
gleich. In der Mitte des sichtbaren Spek-

trums entwickelt es die größte Empfindlich-
keit, bei 555 Nanometern (etwa gelb-grün)
erreicht es seine Sensibilitätsspitze.

Die typische Mischung aller Lichtstrah-
lung im sichtbaren Bereich ergibt das Tageslicht, das wir in der Regel als weiß (oder farblos) empfinden. Dass nachts alle sprichwört-
lichen Katzen grau sind, hängt damit zusammen, dass unser Farbsehen nur bei
Tageslicht zuverlässig funktioniert.

An das sichtbare Licht schließt sich auf
der violetten Seite die ultraviolette Strahlung an, die wir nicht sehen, sondern nur
mittelbar wahrnehmen – zum Beispiel

wenn wir uns einen Sonnenbrand holen. Auf der roten Seite des sichtbaren Spektrums schließt sich die infrarote Strahlung an, die wir als Wärmestrahlung auf der Haut wahrnehmen.

Tageslicht löst, vermittelt durch das Auge, eine ganze Kaskade von körperlichen Reaktionen aus, von der Vitamin-D-Produktion in der Haut (durch Sonnenlicht und UVB-Strahlung) über die Hormonproduktion bis zum Schlaf-Wach-Rhythmus.

Mangel an Tageslicht hingegen verändert den Hormonhaushalt, sodass namentlich im dunkleren Winterhalbjahr depressive Verstimmungen auftreten können. Arbeitsmedizinische Untersuchungen haben ergeben, dass die ausschließliche Beleuchtung von Arbeitsplätzen mit Kunstlicht als einer der auslösenden Faktoren für das sogenannte Sick-Building-Syndrom gilt, bei dem – wie man sich denken kann – nicht das Gebäude krank ist, sondern der Nutzer am Gebäude erkrankt.

Die Farbe des Lichts

Mit dem Begriff „Lichtfarbe" charakterisiert man die Farbe einer selbstleuchtenden Lichtquelle. Die sogenannte Farbtemperatur ist das Maß, um den jeweiligen Farbeindruck einer Lichtquelle quantitativ zu bestimmen. Die Maßeinheit für die Farbtemperatur leitet sich vom Strahlungsspektrum ab, das ein sogenannter schwarzer Strahler bei der gegebenen Temperatur emittiert, und ist das Kelvin (K). Die Farbtemperatur

trifft bei Leuchtmitteln eine Aussage, wie das Licht, das sie abstrahlen, wahrgenommen wird.

Künstliche Lichtquellen erreichen Farbtemperaturwerte zwischen 1500 und 6500 Kelvin. Das natürliche Tageslicht bewegt sich zwischen 3500 (kurz vor Sonnenuntergang) bis 15000 Kelvin (klares blaues, nördliches Himmelslicht). Mit Kunstlicht können wir Tageslichtverhältnisse bis heute nicht ersetzen. Wir nähern uns an, simulieren – so gut wir's können – das Tageslicht.

Tageslicht sinnvoll nutzen

Mit Tageslicht sollte gezielt und dosiert umgegangen werden. Einerseits sollen in einem Raum auch fensterferne Zonen möglichst viel Licht abbekommen, andererseits muss man in fensternahen Bereichen an einen einstellbaren Blendschutz denken. Das gilt auch für Arbeitsplätze in der Wohnung oder im Haus.

Farbempfinden und Lichttemperatur

Farbempfinden	Lichttemperatur
Warmweiß (ww)	weniger als 3 300 K
Neutralweiß (nw)	3 300 K bis 5 000 K
Tageslichtweiß (tw)	mehr als 5 000 K

Stellen Sie sich kurz eine Wohnung im Jahr 1970 vor. Der Schreibtisch konnte, wenn er denn als attraktives Möbel empfunden wurde, direkt vor dem Fenster stehen. Wenn man etwas schrieb oder einen Vorgang bearbeitete, lag das Papier waagerecht auf der Schreibtischplatte und der Blick war in normaler Sitzposition nach unten gerichtet. Man hatte als Schreibender nur dafür zu sorgen, dass die Schreibhand den zu beschreibenden Bereich nicht verschattete. Für Rechtshänder war es also günstig, wenn das Licht von links kam, für Linkshänder war es umgekehrt. Licht von vorn (oben) konnten beide gebrauchen. Das Problem der Blendung konnte man weitgehend ausblenden.

Im Jahr 2000 sahen die Arbeitsplätze schon ganz anders aus. Bildschirmarbeitsplätze dominierten die Büros. Die Monitore waren riesig und schwer und nur wirklich kräftige Personen konnten sie allein bewegen. Wenn man nach einem blendfreien Bildschirm fragte, wurde man vom Chef auch schon mal komisch angeguckt. Heute sind die Bildschirme leichter und flach. Aber Tageslicht an Bildschirmarbeitsplätzen war (und ist bis heute) ein Problem, das man ernst nehmen muss.

Was ist anders als 1970? Das Dokument, das wir bearbeiten, liegt nicht mehr flach auf dem Schreibtisch, sondern steht senkrecht oder im stumpfen Winkel leicht geneigt vor uns; wir blicken nicht mehr nach unten auf die Tischplatte, sondern nach vorn auf den Schirm. Blendungen, Reflexionen oder zu starke Kontraste schränken unsere Sehfunktion ein. Das hat zur Folge, dass wir in angespannter Haltung sitzen, mit ungesunder Kopfhaltung, mit zusammengekniffenen Augen. Alles kein Problem, wenn man nur mal für fünf Minuten den Computer anmacht.

Ist das Gesicht dabei dem Fenster zugewandt, müssen unsere Augen anstrengende Arbeit verrichten, um auf dem Computerbildschirm überhaupt etwas erkennen zu können. Das gilt auch für flache LCD-Monitore (ebenso Plasma- oder OLED-Monitor) mit regelbarer Helligkeit. Die Lichtstärke des Tageslichts, das direkt durch das Fenster fällt, übertrifft die Helligkeit des Computerbildschirms bei Weitem. Die Folge: Wir fühlen uns unangenehm geblendet, selbst bei bewölkter Wetterlage.

Aber auch der umgekehrte Fall – also mit dem Rücken zum Fenster sitzend – ist für die Augen nicht ideal. Denn in dieser Sitzposition schauen wir in die fensterferne Zone des Zimmers; sie ist normalerweise weniger gut ausgeleuchtet. Dafür wird ihr Bildschirm jetzt vom Tageslicht hell angestrahlt und spiegelt stark. Ihr Rücken ist in der Regel nicht breit genug, um den Bildschirm zu verschatten.

Die Hauptblickrichtung auf den Bildschirm sollte deshalb parallel zur Fensterfläche verlaufen. So vermeidet man unerwünschte Reflexe und Blendwirkungen am besten.

PC-Arbeitsplatz.
Die Richtlinien für moderne Bildschirmarbeitsplätze sollte man durchaus auch bei sich zuhause umsetzen.

Das richtige Licht am Arbeitsplatz

Die lichttechnische Normung hat in Deutschland eine lange Tradition. Schon 1935 wurden „Leitsätze zur Tagesbeleuchtung" als DIN 5034 veröffentlicht. Im Zeitraum von 1996 bis 2016 galt in Deutschland die Bildschirmarbeitsverordnung (BildscharbV). Seit dem 3. Dezember 2016 gilt stattdessen die geänderte Arbeitsstättenverordnung, die im Anhang unter 6. die Regelungen der BildscharbV übernommen hat. Darin werden zunächst allgemeine Anforderungen an Bildschirmarbeitsplätze fixiert. Sie gelten zwar nur für gewerbliche Arbeitsplätze, aber warum sollten Sie sich in Ihrer eigenen Wohnung schlechterstellen als Beschäftigte in einem gewerblichen Unternehmen? Sehr deutlich wird hier auf die gesundheitliche Bedeutung von richtigen Lichtverhältnissen an einem Arbeitsplatz aufmerksam gemacht.

Die allgemeinen Anforderungen an Bildschirmarbeitsplätze lassen sich in ihren wesentlichen Inhalten folgendermaßen zusammenfassen:

1. Bildschirmarbeitsplätze dürfen Sicherheit und Gesundheit nicht beeinträchtigen. Die Grundsätze der Ergonomie müssen beachtet werden.

2. Die Tätigkeiten an Bildschirmgeräten sollen durch andere Tätigkeiten oder regelmäßige Erholungszeiten unterbrochen werden.

3. Es muss ausreichend Raum für wechselnde Arbeitshaltungen und -bewegungen vorhanden sein.

4. Die Bildschirmgeräte werden so aufgestellt und betrieben, dass die Oberflächen frei von störenden Reflexionen und Blendungen sind.

5. Die Arbeitstische oder Arbeitsflächen müssen eine reflexionsarme Oberfläche haben. Sie müssen so aufgestellt werden, dass die Oberflächen frei von störenden Reflexionen und Blendungen sind.

6　Die Arbeitsflächen müssen entsprechend der Arbeitsaufgabe ausreichend groß bemessen sein. Insbesondere muss die Arbeitsfläche vor der Tastatur ein Auflegen der Handballen ermöglichen.

7　Fußstütze und Manuskripthalter sind unter Umständen erforderlich.

8　Die Beleuchtung muss der Art der Arbeitsaufgabe entsprechen; ein angemessener Kontrast zwischen Bildschirm und Arbeitsumgebung ist zu gewährleisten. Störende Blendungen, Reflexionen oder Spiegelungen auf dem Bildschirm und den sonstigen Arbeitsmitteln sollen vermieden werden.

9　Mehrere Bildschirmgeräte oder Bildschirme müssen ergonomisch und so angeordnet sein, dass sich die Eingabegeräte eindeutig dem jeweiligen Bildschirmgerät zuordnen lassen.

10　Die Arbeitsmittel dürfen nicht zu einer erhöhten, gesundheitlich unzuträglichen Wärmebelastung am Arbeitsplatz führen.

Wenn Sie sich Ihren Heimarbeitsplatz jetzt einmal anschauen: Welche dieser allgemeinen Kriterien sind erfüllt? Vor allem drei wesentliche Probleme sollten Sie – falls erforderlich – lösen:

Die Lichtverhältnisse am Arbeitsplatz sollten sowohl bei Tageslicht als auch bei der Ausleuchtung mit Kunstlicht optimal gestaltet sein. Dazu muss die raumbezogene Beleuchtung an allen Stellen des Raumes gleichmäßige Sehbedingungen herstellen; finstere Ecken, in die nie ein Lichtstrahl fällt, sind zum Arbeiten nicht gut geeignet.

Die arbeitsplatzbezogene Beleuchtung schafft überall dort, wo unterschiedliche Sehaufgaben gestellt werden, eine diesen Aufgaben angemessene Beleuchtung; Plätze, an denen viel gelesen wird und Dokumente in Papierform bearbeitet werden, erfordern ein anderes Licht als der Platz vor dem Bildschirm, auf dem das Dokument, an dem man arbeitet, aktiv durchleuchtet wird

Frei atmen und gut sitzen

Eine vernünftige Belüftung des Arbeitsplatzes sollte gewährleistet sein. Nicht nur der eigene CO_2-Ausstoß ist dabei zu berücksichtigen. Viel zu oft stehen die verschiedenen elektrischen Geräte zu dicht beieinander. Wärmeentwicklung, Stauwärme oder ein Dauergeräuschpegel zum Beispiel durch rotierende Lüfter beeinträchtigen das Wohlbefinden. Vergleichswerte dazu finden sich in der Norm ISO 9296 Akustik – Vereinbarte Geräuschemissionswerte von Rechner und Büroausrüstungen.

Achten Sie beim Kauf eines neuen Geräts auf eine geringe Ozonbildung. Sie ist bei einem Aktivkohlefilter oder einem emissionsarmen Hochspannungsteil gegeben.

Eine sinnvolle und gesunde ergonomische Ausstattung des Heimbüros sollte genügend Platz zum Sitzen und Aufstehen sowie Raum zur Bewegung lassen. Ausreichende Ablageflächen sollen vorhanden sein. Gutes und gesundes Sitzen bei der Büroarbeit ist sehr wichtig. Also sollten Sie für Auswahl und Anschaffung eines guten Bürostuhls schon etwas Aufwand kalkulieren und sich nicht mit dem ersten besten Sitzmöbel zufriedengeben, das woanders nicht mehr gebraucht wird.

Der Appendix des Wohnungsflurs, als lichtloser und fensterloser Raum vom Korridor abgetrennt, ist kein guter Raum für ein Home Office. Beleuchtung ist nur durch Kunstlicht möglich, Belüftung praktisch gar nicht. Die Wärmeentwicklung der Bürotechnik und die Feinstäube, die von Kopierern und Druckern ausgehen, lassen sich meist nicht durch eine angemessene Belüftung kompensieren.

Die Einrichtung eines Arbeitsraums im Keller oder Untergeschoss ist meist nicht problematisch, vorausgesetzt das Geschoss ist für Wohnzwecke geeignet. Es sollte tro-cken, gut isoliert, beheizbar und möglichst hell sein. Fenster in einem Untergeschoss sind gewöhnlich recht weit oben an der Wand angebracht. Das sorgt für eine gute Ausleuchtung bis in die Tiefe des Raumes. Allerdings sind die Fenster im Untergeschoss mitunter sehr klein, was die Lichtausbeute wieder einschränkt. Auch Verschattungen aus der Umgebung, sei es durch Pflanzenbewuchs, sei es durch gegenüberliegende Gebäude, machen Kellerfenster weniger lichtstark als Dachfenster im obersten Stockwerk.

Im Übrigen gelten die Hinweise für ein Home Office auch für alle anderen Hobby- und Freizeiträume, ganz gleich ob man sich ein Nähzimmer, eine Holzwerkstatt, ein Tonstudio oder einen Fitnessraum einrichtet. Grundlegende Standards zu Luft, Licht und Ergonomie sollten Sie unbedingt einhalten, sonst tun Sie Ihrer Gesundheit keinen Gefallen.

Hausgemachte Probleme und wie man sie löst

Viele gesundheitliche Einflussfaktoren begegnen uns in unserer Umwelt. Wir können ihnen nicht ausweichen, es sei denn, wir zögen auf den Mond um. Aber auch dort wären wir nicht davor geschützt.

→ **Denn wir sind Teil** unserer Umwelt. Und wo immer wir glauben, einen geschützten Innenraum in einer geschützten Atmosphäre zu besitzen, nehmen wir unsere Umwelt mit uns. Einige Dinge, die uns nicht unbedingt guttun, nehmen wir unwissentlich mit nach Hause – Straßenschmutz, Feinstaub, Sporen und Keime. Andere schaffen wir uns ganz bewusst an: Heimtextilien, Möbel, Werkzeuge, Dinge des täglichen Bedarfs. Hier haben wir in der Regel immer die Möglichkeit, eine bewusste Wahl zu treffen und uns Schadstoffe vom Hals zu halten.

Wenn es komisch riecht

Manchmal stört uns bei einem Produkt schon beim Kauf der Geruch. Aber wir kaufen es dennoch. Entweder glauben wir, dass die Geruchsbelästigung allmählich vergeht oder wir haben uns mit den seltsamen Gerüchen schon abgefunden, weil wir meinen: Das ist Kunststoff, der muss eben so riechen. Stimmt das? Oder enthalten verdächtig riechende Alltagsgegenstände zu viele gesundheitsschädliche Stoffe? Ja, musste

die Stiftung Warentest immer wieder feststellen. Bei Tests von typischen Haushaltsgegenständen registrierten die Tester über die Jahre immer wieder zu hohe Belastungen mit Substanzen, die dort definitiv nicht hineingehörten.

In vielen Geschäften und Einkaufsmärkten finden sich Tische mit Sonderangeboten und Regale mit besonders günstigen Gegenständen des täglichen Bedarfs. Oft setzen die Märkte bei der Präsentation auf einen Mitnahmeeffekt. Ob Badelatschen, Messer oder Werkzeug – man ist zwar gekommen, um Gemüse, Käse und Getränke zu kaufen, aber im Vorbeigehen fällt einem ein, dass der Hammer aus Großvaters Werkzeugkasten schon seit Längerem am Stiel wackelt und dass man sich wohl mal einen neuen leisten könnte. Und wenn er dann auch noch so preiswert ist …

Im Jahr 2006 prüfte die Stiftung Warentest Gummigriffe und Plastikteile von Werkzeugen und Geräten auf gesundheitsschädliche Stoffe. Drei Viertel der Proben aus Baumärkten waren seinerzeit stark belastet. Ein inakzeptabel hoher Anteil. Vor allem Hämmer aller Art taten sich unrühmlich mit weichen Kunststoffen hervor. Hauptsächlich fanden sich damals polyzyklische aromatische Kohlenwasserstoffe (PAK) – nicht nur in Gegenständen aus Baumärkten, sondern auch von Discountern. Geiz war damals geil, wie ein volkstümlich gewordener Claim suggerierte. „Geiz wird gefährlich", konterte die Stiftung Warentest; schon im Jahr zuvor hatte man bei einer Analyse von Werkzeugen und Elektrogeräten, angeboten als Aktionsware, bedenkliche Ergebnisse ermittelt.

Keine Entwarnung

Nach den wiederholten Funden gesundheitsbedenklicher Stoffe – nicht nur in deutschen Märkten – reagierte die Politik. Es dauerte aber noch fast zehn Jahre, bis Ende 2015 endlich eine EU-Verordnung wirksam wurde, die zumindest Grenzwerte für acht krebserzeugende PAK-Verbindungen vorschrieb. Wird einer der Grenzwerte in einem Produkt überschritten, darf es nicht mehr in Verkehr gebracht werden.

2017 steckte die Stiftung Warentest ihre Nase wieder in die Kiste mit dem Weichplastik. Sie wollte überprüfen, ob sich die EU-Verordnung auswirkt. „Mit der Nase als Auswahlinstrument schnüffelten sich unsere Einkäufer durch die Regale von Discountern, Sportläden, Drogerie- und Baumärkten. Denn PAK stinken", liest man im „test"-Juliheft von 2017.

Den gummiartig-öligen Geruch aufzuspüren, fällt zwar nicht mehr so leicht wie vor zehn Jahren. Denn die großen Handelsketten haben die Zahl ihrer Kontrollen nach eigenen Angaben erhöht. Doch PAK sind nicht verschwunden und ihr charakteristischer Geruch lässt sich immer noch erschnüffeln. „Abends stanken die Hände der Giftstoff-Scouts allein vom kurzen Anfassen der Produkte." Sie wählten 20 verschiedene Produkte aus, darunter Gummistiefel, Hämmer, Griffe, ein Springseil – zu Preisen zwischen 1,00 und 9,99 Euro. „In jedem zweiten Produkt fanden wir so hohe Schadstoffkon-

---

ⓘ **Polyzyklische aromatische Kohlenwasserstoffe (PAK)** bestehen aus zwei bis sieben Kohlenstoff-Wasserstoff-Ringen. Acht dieser Verbindungen sind als krebserregend eingestuft, weitere stehen im Verdacht. Außerdem gefährden viele die Umwelt. Der EU-Grenzwert für Haushaltsgeräte und Werkzeug liegt für die acht krebserregenden PAK bei 1 Milligramm pro Kilogramm Material. Das GS-Siegel ist deutlich strenger.

zentrationen, dass wir es mit mangelhaft bewerten."

„test" prüfte die Produkte auf die acht krebserzeugenden und auf weitere potenziell gesundheitsschädliche PAK. Außerdem suchten wir wie schon 2006 nach Phthalaten, die als Weichmacher in Kunststoffen vorkommen, etwa in PVC-Plastik für Kabel, Baufolien und Bodenbeläge. Die Tester spürten auch Umweltgiften mit Chlor nach, den kurzkettigen Chlorparaffinen. Sie stehen im Verdacht, Krebs zu erzeugen. In der EU ist ein maximaler Anteil von 1500 Milligramm pro Kilogramm zulässig.

Ein klassisches Einfallstor für PAK in den menschlichen Organismus ist der Tabakrauch: Das Lungenkrebsrisiko für Raucher wird zu einem großen Teil auf den bekanntesten PAK zurückgeführt – Benzo(a)pyren. PAK finden sich aber auch in zu stark gegrilltem Fleisch. Daneben gehört der Hautkontakt mit Werkzeuggriffen, mit weichen Griffen von Fahrradlenkern oder Schubkarren, von Badelatschen oder Freizeitschuhen zu den wichtigen Expositionspfaden.

Abschließender Tipp der Tester: „Kaufen Sie keine Stinker. Geruch ist zwar kein Beweis für bedenkliche Stoffe, aber das einzige Kriterium, das Kunden im Laden zur Verfügung steht." Und immerhin ist es ein Indiz. Phthalate aber und Chlorparaffine stinken nicht und sind trotzdem schädlich. Die Tester fanden Produkte, die damit belastet waren, eher zufällig – weil sie „der Nase nach" gingen – aufgrund der Beimengungen von geruchsintensiven PAK.

PAK – unvermeidlich?

Wenn so viele Produkte, die wir täglich in die Hand nehmen, mit schädlichen Sub-

---

ℹ Chlorparaffine und Phthalate

Kurzkettige Chlorparaffine werden in der Umwelt kaum abgebaut. Sie dienen etwa als Flammhemmer in Textilien, als Weichmacher in Kunststoffen und als Bindemittel in Lacken. Die EU stuft Chlorparaffine als besonders besorgniserregend, persistent, bioakkumulativ und toxisch ein. Nicht alle Phthalate sind giftig; aber einige schädigen Ungeborene, beeinträchtigen die Fruchtbarkeit bei Männern und schaden der Umwelt, vor allem Wasserlebewesen. EU-Richtlinien wurden erst für einige Produktgruppen festgelegt. Elektro- und Elektronikgeräte dürfen zum Beispiel maximal zu 0,1 Prozent aus den Phthalaten DEHP (Diethylhexylphthalat) oder DIBP (Diisobutylphthalat) bestehen. Leider lassen sie sich nicht am Geruch erkennen.

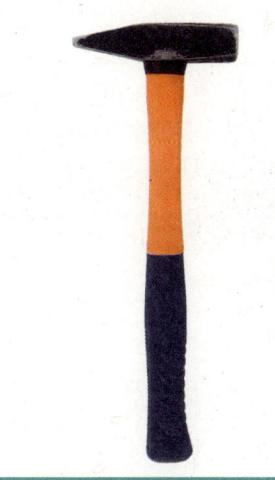

Unvermutet giftig
Viele Werkzeuggriffe aus Kunststoff sind mit Schadstoffen belastet.

stanzen befrachtet sind, können wir ihnen dann gar nicht ausweichen? Nein, meint das Umweltbundesamt in einer Publikation von 2016. Es empfiehlt, Produkte zu kaufen, die das GS-Zeichen oder den Blauen Engel als Label tragen. Das Label „Geprüfte Sicherheit" berücksichtigt seit 2008 auch die Polyzyklischen aromatischen Kohlenwasserstoffe. „Für die Zuerkennung des GS-Zeichens wurden 18 PAK untersucht, die in Summe den Gehalt von 50 Milligramm pro Kilogramm nicht übersteigen dürfen. Bei Materialien, die in den Mund genommen werden können oder länger als 30 Sekunden gehalten werden, ist der Grenzwert für die Summe der 18 PAK deutlich strenger und darf 1 Milligramm pro Kilogramm nicht überschreiten", schreibt das Umweltbundesamt. Bedauerlicherweise stellten aber die Tester fest, dass auch Produkte mit GS-Zeichen die Grenzwerte deutlich überschritten.

Es gibt in Deutschland sehr viele Ämter, Anstalten und Arbeitskreise, die sich mit Produktsicherheit und der Risikoabschät-

zung beschäftigen. Vielleicht sind nur noch immer nicht genügend Kontrolleure unterwegs.

Was man tun kann

Beeinträchtigt es die Lebensfreude eigentlich sehr, wenn man auf den Spontankauf eines Hammers mit weichem Plastikgriff verzichtet? In den Baumärkten gibt es alle erdenklichen Hammertypen mit traditionellem Holzstiel. Wer für sehr spezielle Bedürfnisse des Hämmerns ein spezielles Werkzeug braucht, wird es wohl eh nicht auf dem Grabbeltisch eines Supermarkts suchen. Auch wenn es kaum angemessen ist, dem Konsumenten als letztem Glied in der Wertschöpfungskette die Verantwortung zuzuschieben – ein bisschen haben wir es schon in der Hand, wie viel Kunststoff wir uns in den Werkzeugkasten legen und woraus unsere Arbeitsschuhe bestehen.

Gesund schlafen

Schlafen Sie gut? Falls nicht, könnte es an der Raumluft im Schlafzimmer liegen. Vor allem Temperatur und Luftfeuchtigkeit beeinflussen das Wohlfühlklima im Schlafzimmer.

Schlaf ist eine der wichtigsten Lebensphasen. Er beansprucht ein Drittel des Tages – vorzugsweise in der Nacht. Schlafstörungen nehmen zu, das Bewusstsein für die Wichtigkeit des Schlafes für unser Leben leider nicht im selben Maße. Anders als bei den Themen gesunde Ernährung und Bewegung wird dem gesunden Schlaf in der Öffentlichkeit nicht die nötige Aufmerksamkeit beigemessen. Schlaflosigkeit ist aber weit verbreitet – und erhöht die Gesundheitsrisiken.

Wohlfühlklima im Schlafzimmer

Über die richtige Raumtemperatur, die einen gesunden Schlaf fördert, gibt es weitgehend übereinstimmende Auffassungen: Die einen präferieren eine Temperaturspanne von 16 bis 18 °C, andere geben eine Spanne von 15 bis 19 °C an. Auch über die optimale Luftfeuchtigkeit herrscht weitgehend Einigkeit. Sie sollte im Schlafzimmer zwischen 40 und 60 Prozent betragen.

Wer über eine entsprechende Klima- und Belüftungsautomatik verfügt, ist fein raus und kann hoffentlich ruhig schlafen. Alle übrigen Menschen müssen mit mehr oder weniger geeigneten Maßnahmen versuchen, sich dem Optimum anzunähern. Wie das gelingen kann, das hängt ganz von den Gegebenheiten der Wohnung oder des Hauses ab.

HÄTTEN SIE'S GEWUSST?

Kleinkinder im Schlafzimmer

Die 15 bis 19 °C gelten als Empfehlung für gesunde Erwachsene im mittleren Alter. Ältere Menschen haben aufgrund eines veränderten Stoffwechsels und Grundumsatzes oft ein anderes Verhältnis zur Innenraumtemperatur. Sie schlafen besser bei ca. 20 °C.

Auch Säuglinge und Kleinkinder sollten nicht unbedingt Erwachsenentemperaturen ausgesetzt werden; sie haben es gern etwas wärmer für einen guten Schlaf. Das verdient insofern Beachtung, als viele Eltern das Neugeborene im Elternschlafzimmer bei sich haben wollen – bei der Nachttemperatur sollten daher zunächst die Bedürfnisse des Neugeborenen berücksichtigt werden.

Warum ist im Schlafzimmer eine Temperatur richtig, die unter der normalen Wohlfühltemperatur im Wohnzimmer liegt? Kühle Temperaturen erleichtern es dem Körper, und vor allem dem Gehirn, herunterzufahren und zu entspannen. Viel hängt dabei von der inneren Befindlichkeit ab – und von den lebenslang antrainierten Schlafgewohnheiten. Wird es nämlich zu kalt, muss der Körper zusätzliche Energie aufwenden, um eine Auskühlung zu verhindern. Statt des erholsamen Nachtschlafs absolviert der Körper dann eine anstrengende Nachtschicht.

Fenster zu bei Nacht?

In Deutschland und näherer Umgebung reicht die Heizperiode etwa von September bis April. Kernzone der Heizenergieaufwendung sind die eigentlichen Wintermonate, aber nur in den Monaten Mai bis August wird in der Regel gar nicht (oder nur ausnahmsweise) geheizt. Um diese vier warmen Monate wird selten gestritten – und das, obwohl es gerade in diesen Sommermonaten oft sehr schwer ist, ein optimales Raumklima im Schlafzimmer zu erzeugen. In einer luftdichten, thermisch gut gedämmten Gebäudehülle lässt es sich auch in extrem kalten Monaten gut überwintern. Aber die Innenräume bei sommerlichen Temperaturen so kühl zu halten, dass ein gesunder Schlaf möglich ist, wird sich unter Umständen als die schwierigere Aufgabe erweisen.

Die Befürworter geschlossener Fenster haben heute scheinbar unschlagbare Argumente auf ihrer Seite.

- ▶ Der Sauerstoffgehalt im Schlafzimmer reicht vollkommen aus (wenn man die Tür zur Wohnung offen lassen kann).
- ▶ Ein angekipptes Fenster bringt nicht den gewünschten oder erhofften Luftwechsel.
- ▶ Dauerhaft geöffnete Fenster sind Energie- und damit Geldverschwendung.
- ▶ Bei geöffnetem Schlafzimmerfenster hat man den gesamten Straßenlärm „im Zimmer".

Nicht vergessen werden darf, dass auch bestimmte Lebensgewohnheiten und Vorlieben des Einzelnen das Wohnverhalten bestimmen.

Fenster auf bei Nacht?

In einem 20 Quadratmeter großen Schlafzimmer befinden sich bei neubauüblicher Bauhöhe etwa 10 000 Liter Sauerstoff. Was besagt das? Dass niemand befürchten muss, wegen Sauerstoffmangels in der Nacht gesundheitliche Schäden zu erleiden. Aber das befürchtet eigentlich auch niemand. Wer nachts bei offenem Fenster schlafen will (und darauf besteht, das auch im Winter zu tun), der tut das nicht, um einem Sauerstoffmangel vorzubeugen. Darum geht das Argument der Fenster-zu-Fraktion, im Schlafzimmer befinde sich ohnehin genug Sauerstoff, auch ins Leere.

Aber: Auch nach Tausenden Jahren zivilisatorischer Domestizierung ist der Mensch ein Naturwesen geblieben. Und dem Naturwesen fehlt in geschlossenen Räumen – der Wind. Luft, die zirkulieren kann, wird als frischer und angenehmer empfunden als stehende Luft. Den Begriff der „stehenden Luft" verwenden wir in der Regel nicht, dafür aber den der „abgestandenen Luft", und wir wissen sehr wohl, was damit gemeint ist.

Was ist an abgestandener Luft unangenehm? Gerüche und Ausdünstungen, die überwiegend von uns Menschen, also den Bewohnern der Räume stammen. Nur zu einem geringeren Teil emittieren Baustoffe oder die Materialien, die zu Möbeln, Fußbodenbelägen oder Raumtextilien verarbeitet wurden, solche Gerüche, die unser Wohlbefinden beeinträchtigen. Für die Gesundheit ist aber nicht der schlechte Geruch an sich bedenklich – er ist vielmehr ein Indikator für ein anderes Problem: die Anreicherung der Raumluft mit CO_2.

Dicke Luft

Mit dem Sauerstoff, den die Raumluft eines luftdicht geschlossenen Zimmers von 20 Quadratmetern Fläche enthält, könnten theoretisch drei Personen mehrere Tage lang auskommen. Allerdings würde bei einer solchen Versuchsanordnung der CO_2-Gehalt bereits nach zwei Stunden über 1 000 ppm (parts per million) steigen. Und der Grenzwert von 1 000 ppm CO_2 markiert den Übergang von guter Luft zu schlechter

Luft, richtiger gesagt von einer Raumluft, die als frisch und angenehm empfunden wird, zu einer Luft, die als „dick" und abgestanden wahrgenommen wird. Zum Glück korrelieren die Gerüche, die wir absondern, mit dem CO_2, das wir in die Atemluft abgeben. Was wir absondern – vor allem sehr flüchtige organische Verbindungen (VVOCs) wie Azeton und Alkohole – stinkt vielleicht, schadet aber nicht. Das CO_2, das wir ausatmen, schadet, aber stinkt nicht. Kohlendioxid reicherte sich also im Wesentlichen unbemerkt an, wenn nicht die olfaktorischen Spuren unserer Anwesenheit signalisierten, dass die Luft schlecht wird.

Ab wann ist eine CO_2-Konzentration bedenklich? Exakte gesetzliche Grenzwerte dafür gibt es in Deutschland für Privaträume nicht. Das Bundesgesundheitsamt gab in einer 2008 veröffentlichten „Bekanntmachung" Orientierungsgrößen an: Bis 1000 ppm CO_2 sei die Luft noch gut, Konzentrationen über 1000 bis 2000 ppm seien auffällig, über 2000 ppm inakzeptabel.

Und was wurde gemessen? Skandinavische Forscher ermittelten die CO_2-Konzentrationen in den Schlafräumen von 195 Wohnungen in Schweden und Estland über jeweils eine Woche. Im Wochenmittel lagen die Konzentrationen zwischen 820 und 920 ppm CO_2. In einer Studie von 1986 wurden Schlafräume in 33 Wohnungen mit dichten Fenstern und 11 Wohnungen ohne dichte Fenster getestet. Man fand in den „dichten" Schlafräumen CO_2-Konzentrationen von 800–4300 ppm, in den „undichten" Räumen lagen die Konzentrationen bei 600–2700 ppm. Bei einer Untersuchung des Innenraumklimas in Wohngebäuden ermittelten Forscher 1993 in Schlafzimmern mit unterschiedlichen Belegungs- und Lüftungsbedingungen Medianwerte zwischen 519 ppm und 2973 ppm CO_2 pro Nacht.

Kontrollierte Wohnraumlüftung
Eine ausgleichende Wirkung können elektrische Lüftungssysteme ausüben. Dabei spielt die individuelle Wohnsituation eine entscheidende Rolle. Im eigenen Haus ist mir manches möglich, was ich als Mieter und als Wohnungseigentümer nicht ohne Weiteres tun darf.

Die Maximallösung ist eine teure und aufwendige (weil mit erheblichen Ein- und Umbauten verbundene) zentrale Lüftungsanlage für das gesamte Haus oder die gesamte Wohnung. Als preiswerte und relativ unaufwendige Alternative bieten sich dezentrale Lüftungsgeräte für einzelne problematische Räume an. In der Küche (Dunstabzugshaube) oder im Bad (Bedarfslüfter) sind solche Geräte möglicherweise schon vorhanden (siehe „Luft, Licht und Wärme", S. 78 ff. und S. 113 ff.)

Vergessen wir aber auch nicht: Menschen hängen an ihren Gewohnheiten. Und erst recht an Gewohnheiten, die sich seit Jahrhunderten etabliert haben. Eine kontrollierte Wohnraumlüftung, die kontinuierliche Zufuhr von Frischluft bei gleichzeitiger

Ableitung verbrauchter Luft, ersetzt den Gegensatz durch den Ausgleich der Gegensätze. Aber ist es wirklich die frische Luft als solche, die uns behagt? Der Wechsel ist das wirkliche Ereignis. Und der Wechsel von verbrauchter, abgestandener Luft zu einer ordentlichen Portion Frischluft, die durch das Fenster hineingestoßen wird, ist nicht nur ein bauphysikalisch und hygienisch notwendiger Luftwechsel, sondern ein Erlebnis, genau wie das Heraustreten aus der stickigen Atmosphäre eines überbelegten Gesellschaftsraums in die klare Nachtluft auf der offenen Straße. Gesundes Wohnen strebt nach dem Ausgleich extremer Gegensätze; aber ganz ohne Gegensätze ist das Wohnen vielleicht gesund, aber langweilig.

Wohnmythen rund um die Lüftung

Um Lüftungsanlagen ranken sich viele Mythen. Sie dienen dazu, Vorurteile zu stützen und eine Welt „alternativer Fakten" zu etablieren.

▶ **Mythos 1:** Hat man eine Lüftungsanlage, darf man die Fenster nicht mehr öffnen.

In der Tat arbeitet eine Lüftungsanlage, wenn sie richtig dimensioniert und entsprechend eingestellt ist, so effektiv, dass man Fenster nicht mehr öffnen muss. Müsste, wäre denn der Luftwechsel der einzige Grund, ein Fenster zu öffnen. Aber da gibt es unzählige andere Gründe: zu hören, wie der Regen rauscht, den Duft der Linden im Juni ins Zimmer zu lassen, das Gesicht in den Wind zu halten, morgens von Vögeln geweckt zu werden und, und, und. Auch wenn Energieberater und Lüftungsbauer die Hände über dem Kopf zusammenschlagen vor so viel Bockigkeit der Nutzer – natürlich darf man nach wie vor das Fenster öffnen.

▶ **Mythos 2:** Lüftungsanlagen machen die Raumluft trocken.

Auf der niedrigsten Betriebsstufe sind Lüftungsanlagen für den bauphysikalisch und hygienisch notwendigen Feuchteschutz ausgelegt. So kann auch in Abwesenheit der Bewohner die Luft niemals zu feucht werden, Schimmelprobleme werden damit weitgehend ausgeschlossen. Für eine optimale Raumluftfeuchtigkeit können Feuchte- oder Luftqualitätssensoren sorgen. Auch Lüftungsgeräte mit Feuchterückgewinnung können empfindsamen Bewohnern die Angst vor trockener Luft nehmen.

▶ **Mythos 3:** Lüftungsanlagen sind unhygienisch und wirbeln Staub auf.

Geräte zur Wohnraumlüftung haben Filter, die Pollen, Staub und Schmutz von außen abfangen. Natürlich muss man die Filter wechseln, wie man das auch mit Staubsaugerbeuteln tut. Lüftungsanlagen lassen nicht nur weniger Staub ein, sie wirbeln auch, wegen des langsamen kontinuierlichen Luftstroms, weniger Staub auf als die Fensterlüftung oder der unkontrollierte Luftzug durch Spalten und Ritzen.

Das beste Schlafklima

Das gesunde Schlafklima für sich selbst kann im Grunde nur jeder Einzelne bestimmen. Doch wenn man schläft, überwacht man sich nicht gleichzeitig. Zugespitzt formuliert: Wie kann ich bestimmen, was für mich am besten ist, wenn ich gar nicht dabei bin?

Die relative Luftfeuchtigkeit kann ich zum Beispiel mit einem Hygrometer kontrollieren. Einfache Geräte – meist integrieren sie Thermometer und Hygrometer in einem Gehäuse – kosten zwischen 10 und 25 Euro. Wenn man von einer optimalen Raumluftfeuchtigkeit von 50 bis 60 Prozent ausgeht, dann sollten die 60 Prozent möglichst nicht schon erreicht sein, bevor man ins Bett geht. Also am besten messen. Zu Beginn des Nachtschlafs darf's ruhig eine Idee trockener sein. 40 bis 45 Prozent wären gut.

Wichtig ist aber vor allem das Verhältnis von Temperatur und Feuchtigkeit, denn wärmere Luft bindet viel mehr Feuchtigkeit als kalte. Durch richtiges Heizen und Lüften im Winter lässt sich die Luftfeuchtigkeit im Schlafzimmer gezielt reduzieren. Messen Sie im Winter die Luftfeuchtigkeit im Schlafzimmer zu verschiedenen Tageszeiten. Lüften Sie dann, wenn die Feuchtigkeit am geringsten ist. Bei hoher Raumluftfeuchtigkeit sollte man heizen und anschließend gut lüften.

Staub macht auch vor dem Schlafzimmer nicht halt. Der größte Teil der Staubverwirbelung spielt sich bei gewöhnlicher Luftzirkulation etwa 20 Zentimeter über dem Boden ab. Darum ist es nicht gleichgültig, wie hoch das Bett gebaut ist. Es muss nicht gleich Seniorenhöhe sein. Aber ab 35 Zentimeter Liegehöhe wird es gesünder als unmittelbar über dem Boden – etwa wenn man eine Schaumgummimatte direkt auf den Boden legt.

Offenes oder geschlossenes Fenster – das ist eine Glaubensfrage (siehe Seite 98). Manchmal ist es auch eine Frage der Wohnlage. Verkehrslärm und Getöse von der Partymeile vor dem Schlafzimmerfenster stören einen gesunden Schlaf ebenso wie eisige Winterkälte oder beständige Zugluft.

Das richtige Bettzeug ist wichtig. Das Angebot an Sommerbetten und Winterbetten ist heute kaum noch zu überschauen. Man kann unter Schafwolle, Alpaka, Kamelhaar, Wildseide oder Baumwolle schlafen; atmungsaktive Kunstfasern, die waschbar und trocknergeeignet sind, lassen beim

Schlafkomfort kaum noch Wünsche offen. Man muss nur noch selbst entscheiden, bei welchen Temperaturen man unter welcher Bettdecke liegen will. Aber diese persönliche Entscheidung hat auf den gesunden Schlaf großen Einfluss.

❝ Auch bei Erwachsenen kann es aufgrund der Nutzung von Smartphones, Tablets und Co. zu Schlafproblemen kommen.

Mythen rund ums Schlafzimmer

▸ **Mythos 1:** Spiegel können hochfrequente Strahlungen reflektieren und verstärken.

Wenn man den Menschen erst einmal erfolgreich eingeredet hat, dass Erdstrahlen und die Strahlung von Wasseradern ihren Schlaf beeinträchtigen, dann kann man ihnen auch leicht einen Korkfußboden zur „Isolation" des Schlafzimmers oder einen „Raum-Harmonisierer" andrehen. Genauso läuft auch das Geschäft mit der Elektrosmog-Angst. Zuerst ängstigen, dann die Hand zur Erlösung reichen. Bevor man sich darüber Gedanken macht, ob ein Spiegel im Schlafzimmer hochfrequente Strahlung reflektieren und verstärken (!) kann, muss man hochfrequente Strahlung erst mal haben und messen können. Das ist ein Mythos der Kategorie Aluhutträger. Stört ein Spiegel

den Schlaf? Ja. Wenn er einem Ostfenster direkt gegenübersteht, kann der Reflex der aufgehenden Sonne den Schläfer wecken.

▸ **Mythos 2:** Metallbetten verstärken den Elektrosmog, stören das Erdmagnetfeld und bilden elektromagnetische Felder.

Was für Metallbetten gilt, das gilt auch für die stählernen Spiralfedern in Matratzen. Magnetfelder verändern sich genau dort, wo sich die Matratzenfeder oder der Bettrahmen befinden. Und sie fallen nicht über den schlafenden Menschen her. Der beeinflusst selber das Magnetfeld, und zwar auch genau dort, wo er sich hinlegt. Und über das im Gebäude verbaute Metall wollen wir gar nicht erst reden. Ein Mythos der Kategorie Aluhutträger. Ansonsten ist das einzig Negative, das sich über ein Metallbett sagen lässt: Es knarrt nicht, aber es quietscht.

▸ **Mythos 3:** Bei roter Bettwäsche schläft man schlecht.

Stimmt, vorausgesetzt man schläft bei heller Beleuchtung und mit offenen Augen – und am besten bleibt man dabei wach. Dass nachts alle Katzen grau sind, gilt auch für farbige Bettwäsche. Auch wenn es ein österreichischer Titularprofessor in seinen Gesundheitstipps behauptet hat: Farbige Bettwäsche hat keinerlei Einfluss auf die Qualität des Schlafes.

Aber: Wie Wissenschaftler in den letzten Jahren beobachteten, rauben Handys Kindern den Schlaf und sollten daher am besten nachts aus dem Schlafzimmer verbannt werden. Auch bei Erwachsenen kann es aufgrund der Nutzung von Smartphones, Tablets und Co. zu Schlafproblemen kommen. Schuld daran ist offenbar vor allem das „blaue" Bildschirmlicht der Geräte, das dem Lichtspektrum eines hellen Tages zur Mittagszeit gleicht und deshalb unterbewusst signalisiert: „Aufwachen!"

▶ **Mythos 4:** Schlafzimmer soll man nicht beheizen.

Als Uropa noch zu Uroma in die Kammer schlich, da war das Schlafzimmer tatsächlich unbeheizt. Was sich in den schweren Federbetten an Getier tummelte, was sich an Schimmel und an welchen Stellen sammelte, will man heute gar nicht wirklich wissen. Dass sein Schlafzimmer nicht beheizen soll, wer nachts bei geschlossenem Fenster schläft, da die Heizungsluft die Atemwege austrocknen würde, ist – in aller Deutlichkeit – Unsinn. Solchen Unsinn kann man allerdings auf zahlreichen sogenannten Ratgeberseiten im Internet lesen: ein Mythos aus der Kategorie „In Physik nicht aufgepasst". Zwar sinkt die relative Luftfeuchtigkeit, wenn die Lufttemperatur steigt, gleiche Wasserdampfmenge vorausgesetzt. Ein Kubikmeter Luft, der 10 °C warm ist, kann 9,4 Gramm Wasser aufnehmen (= 100 Prozent relative Luftfeuchtigkeit). Bei 30 °C läge die relative Luftfeuchtigkeit nur noch bei 31 Prozent. Aber: Die 31 Prozent Luftfeuchte sind nur Theorie. In Wirklichkeit zieht die warme Luft Feuchtigkeit aus den Bauteilen und Einrichtungsgegenständen. Sie feuchtet sich auf. Durch Heizen des Schlafzimmers schafft man also keine trockene Luft, zumal ein einzelner Mensch während des Nachtschlafs bis zu einen halben Liter Wasser durch Atmung und Transpiration an die Raumluft abgibt.

Dafür schafft man durch Nichtheizen eine feuchte Atmosphäre. Die Bauteile kühlen aus. Feuchte Warmluft strömt beständig aus der Wohnung nach. An den kalten Bauteilen und Einrichtungsgegenständen kondensiert die Feuchte. Zusätzliche Feuchtigkeit wird durch den oder die Schläfer Nacht für Nacht eingetragen. Die Wände laden mit ihren alsbald feuchten Tapeten die Schimmelpilze ein, sich bei ihnen anzusiedeln. Was die dann auch umgehend tun. Immer vorausgesetzt, man hält die Fenster gut geschlossen. Und heizt nicht. Wer möchte in diesem Klima schlafen?

→ Wie man sich bettet …

… schläft man auch. Die Matratzentests der Stiftung Warentest gehören seit Jahren zu den nachgefragtesten Themen. Ein strittiger Diskussionspunkt ist immer auch die Bedeutung des Lattenrosts für das Liegeverhalten. Die Ergebnisse und jeweils neuesten Erkenntnisse finden Sie online im Produktfinder Matratzen: www.test.de, dort im Suchfeld „Matratzen" eingeben.

Ungebetene Gäste

Haben sich erst einmal ungebetene Gäste eingenistet, glaubt man oft nur noch die Wahl zwischen Pest und Cholera zu haben. Es ist dann eine Frage der Abwägung, ob man die ungebetenen Besucher unbedingt loswerden will oder ob man sich auf irgendeine Weise mit ihnen arrangieren kann.

Typische Schlafzimmerbewohner waren oder sind seit alters die Milben, Flöhe, Bettwanzen und – sofern sich die Kleiderschränke im Schlafzimmer befinden – Motten. Aber die Anwesenheit von Krabbeltieren beschränkt sich nicht aufs Schlafzimmer. Silberfischchen, Teppichkäfer und Ameisen fühlen sich auch im Rest der Wohnung wohl.

Schädlinge oder Lästlinge

Experten unterscheiden Schädlinge und Lästlinge. Folgt man dem Wortsinn, dann sind Lästlinge zwar lästig, aber nicht wirklich schädlich. Lästlinge schaden dem Menschen indirekt, indem ihr Auftreten als unangenehm empfunden wird und Ekel auslöst. Schon die bloße Möglichkeit, nach einer ersten Sichtung immer wieder auf Lästlinge zu stoßen, verursacht bei vielen Menschen negativen Stress.

Typische Lästlinge in diesem Sinn sind etwa Silberfischchen, Kellerasseln, Ameisen, Ohrwürmer, Fliegen. Auch Spinnen und Weberknechte, gegen die viele einen besonderen Ekel empfinden, sind keine Schädlinge, auch Ameisen nicht – bis auf die kleinen Pharaoameisen, die in der Regel als Gesundheitsschädlinge eingestuft werden.

Als Schädlinge bezeichnet man im Allgemeinen Organismen, die direkten Schaden anrichten können, indem sie zum Beispiel Lebensmittel angreifen, als Holzschädlinge Bauteile und Mobiliar befallen oder andere Schäden an Gebrauchsgegenständen und Textilien anrichten.

Hausstaubmilben

Zu den nicht ganz klar definierten Lästlingen gehört auch eine Gruppe von Spinnentieren, gegen die kein Kraut gewachsen ist: die Hausstaubmilben. Hausstaubmilben dürften die am meisten verbreiteten Haustiere in Deutschland sein – auch wenn wir sie nicht sehen, denn sie sind nur 0,1 bis 0,5 Millimeter groß. Sie mögen unsere Hautschuppen zum Fressen gern. Wir ernähren diese Haustiere ausgesprochen reichlich – darum fühlen sie sich bei uns auch so wohl. Täglich verliert jeder von uns

Unter starker Vergrößerung
Aufnahme der winzigen Hausstaubmilbe
mit einem Rasterelektronenmikroskop

etwa 1,5 Gramm Hautschuppen, manche mehr, manche weniger. Klingt nicht viel, aber es entspricht dem Körpergewicht von rund 100 000 Milben. Neben unseren Schüppchen mögen sie auch Schimmelsporen, darum könnte man sie um ein Haar für nützlich halten.

Hausstaubmilben widerstehen dem Staubsauger und lassen sich auch nicht wegputzen. Der ideale Lebensraum für Hausstaubmilben ist unser kuscheliges Bett. Denn als Lebensoptimum schätzen Milben eine relative Luftfeuchtigkeit von 73 Prozent an aufwärts. Da der Mensch während des Nachtschlafs durch den Atem und durch Transpiration bis zu 0,5 Liter Wasser abgibt, ist besonders das Kopfkissen immer ideal angefeuchtet. Selbst gut gereinigte Kopfkissen enthalten ständig einige Zehntausend Milben. Sie haben einen kurzen Lebenszyklus, vermehren sich zügig, leben aber auch nur sechs Wochen. In ihrem sechswöchigen Leben produzieren sie das 200-fache ihres Körpergewichts an – Kot. 60 000 Milben – keine übertriebene Ansiedlungszahl für ein Bett – wiegen zusammen 1 Gramm

und produzieren also 200 Gramm. Und wo landet der Kot? Meistenteils in der Luft – er begegnet uns im Hausstaub. Ein Teelöffel Schlafzimmerstaub enthält neben vielen anderen Bestandteilen auch etwa 1 000 Milben und eine Viertelmillion ihrer winzigen Kotkügelchen. Die viel beschworene Hausstauballergie ist in den meisten Fällen eine allergische Reaktion auf diesen Milbenkot.

Was Milben nicht mögen

Den Allergenen kann man kaum ausweichen und die Quelle dieser Allergene kann man nicht dauerhaft beseitigen. Es gibt allerdings ein paar Lebensumstände, die den Milben nicht behagen. In erster Linie ist das eine sinkende relative Luftfeuchtigkeit. Milben brauchen Wasser. Also könnte man sie doch austrocknen? Die Idee wäre gut, könnten Milben nicht auch längere Durstperioden durchstehen, wenn sie einmal am Tag einen Schluck aus der Pulle nehmen können. Und der Mensch kommt ja Nacht für Nacht in sein Bett und feuchtet es wieder an. In der Matratze fühlen sich Milben auch recht wohl – allerdings nicht so sehr,

Unbeliebt, aber harmlos
Silberfischchen (Lepisma saccharina) sind
in der Regel nachtaktiv.

wenn der Mensch drauf liegt, denn die Kör-
perwärme senkt die relative Luftfeuchte
wieder ab. Am schönsten für die kleinen
Bettgenossen ist es, wenn der Mensch auf-
steht, sofort sein Bett ordentlich macht und
möglichst noch eine schwere Tagesdecke
darüber ausbreitet. Also auch wenn es
schwerfällt, das Bett nicht zu machen: Alles
was dabei hilft, den Lebensraum der Milben
auszutrocknen, ist nützlich, macht ihnen
zwar nicht den Garaus, nimmt ihnen aber
die Lebensfreude. Es gibt einen evidenten
Zusammenhang zwischen Luftfeuchtigkeit
und Milbendichte. Allerdings können die
zähen Kleinstkrabbler ihren Wasserbedarf
auch aus der normalen Raumluftfeuchte
decken. Es wäre auch zu schön gewesen,
wenn man sie einfach hätte weglüften
können.

→ Hinweis für Allergiker

In Apotheken gibt es einen Milben-
Schnelltest. Er reagiert mittels einer
Verfärbung auf die Konzentration von
Guanin, ein Eiweiß des Milbenkots.

Am besten testet man den Staub aus
dem Staubsauger, den man in einer
bestimmten „verdächtigen" Sektion
der Wohnung eingesammelt hat.

Auf das winterliche Heizen der Wohnung
reagieren die Milben negativ. Schon das
allein müsste Grund genug sein, im Schlafzimmer das Heizen und Lüften nicht zu vernachlässigen. Jede Verringerung der Milbendichte verringert auch die Menge ihrer Ausscheidungen und damit den Druck auf das
Immunsystem der Allergiker. In schweren
Fällen bleibt aber dennoch nur eine Immun-
therapie oder – der Umzug ins Hochgebirge.
Oberhalb von 1200 Metern (nach anderen
Angaben 1700 Metern) gefällt es den Hausstaubmilben einfach nicht.

Silberfischchen

Zu den Lästlingen, die man unter Umständen sogar als Nützlinge bezeichnen kann,
gehören die Silberfischchen. Das sind kleine
flügellose, wenn auch flinke Insekten mit
stromlinienförmigem, silbrig glänzendem
Körper. Sie sind nachtaktiv und verstecken

sich bei Tag in Ritzen und unter Tapetenrändern. Man erwischt sie, wenn man nachts mal rausmuss oder wenn man spät heimkommt und im Flur das Licht anmacht. Der wissenschaftliche Name des Insekts (Lepisma saccharina) spielt auf seine Vorliebe für Kohlenhydrate, namentlich Zucker, an. Sie sind wahre Allesfresser. Sie lieben alles, was Stärke enthält. Sie holen sich Dextrin aus Kleister, fressen Fotos an, knabbern Haare und Hautschuppen, laben sich an Baumwolle, Leinen und Seide (wo man ihre Fraßspuren unter Umständen für Mottenbefall hält). Sie gehen sogar Kunstfasern an und machen sich manchmal über Bücher her, wo man ihre Überreste manchmal findet.

Was sie fast sympathisch macht: Sie legen sich mit Hausstaubmilben an und verzehren auch gern Schimmelsporen. Einzelne Exemplare, die hin und wieder auftauchen, sind nicht problematisch, eine Bekämpfung ist nicht erforderlich. Ein gehäuftes Auftreten könnte aber ein Indiz dafür sein, dass etwas mit dem Raumklima nicht stimmt und sich Schimmel ausbreiten will. Darum ist in solchen Fällen Obacht geboten.

Schaben

Unter dem Sammelbegriff Küchenschabe oder Kakerlake werden im Allgemeinen die Deutsche Schabe, die Orientalische Schabe

Schädlinge in unserer Nähe

Name	Schäden	Bekämpfung
Küchenschabe (Deutsche Schabe, Orientalische Schabe, Amerikanische Großschabe)	Fraßschäden, Verunreinigung durch Kot und Speichel. Übertragung von Krankheiten	Klebefallen, Sprays, Fraßgele, großräumige Bekämpfung empfohlen
Teppichkäfer	Fraßschäden an Textilien	Chemische Reinigung, Erhitzen oder Einfrieren, ggf. Insektizide
Bettwanzen	Blutsaugen an Menschen und Haustieren	Insektizide, Wärmeentwesung, Einfrieren befallener Kleidung
Pharaoameise	Fraßschäden, Befall von Haushaltselektronik, Übertragung von Krankheiten	Fraßgifte

Kein Dampf im Bett

Lassen Sie sich nicht einreden, dass man mit Dampfreinigern die Milben aus der Matratze vertreiben kann. Eine dicke Matratze müssten Sie sehr lange und intensiv bedämpfen. Selbst wenn es Ihnen dabei gelänge, oberflächlich einige Milben abzutöten, hätten Sie die Matratze so gründlich durchfeuchtet, dass sie sehr lange trocknen müsste, bis sie wieder benutzbar wäre. Denn eine im Inneren feuchte Matratze schafft für die Milben ein feuchtwarmes Paradies, in dem sie sich nur umso eifriger vermehren.

und die Amerikanische Großschabe zusammengefasst. Die Fraßschäden selbst, die Schaben an Lebensmitteln hervorrufen, sind relativ gering. Jedoch vermögen Schabenkot, die Ausscheidungen der Speicheldrüsen und der Kropfinhalt die Lebensmittel so stark zu kontaminieren, dass sie – nicht zuletzt wegen des unangenehmen Geruchs – als verdorben gelten müssen. Zwar ist nach Einschätzung der Gesundheitsbehörden die Deutsche Schabe als Überträger von Krankheiten ohne signifikante Bedeutung. Das liegt aber vor allem an den wirksamen Bekämpfungsmaßnahmen, die einem Schabenbefall unmittelbar folgen. Nachgewiesenermaßen ist die Schabe potenziell die Überträgerin von Milzbrand, Salmonellose und Tuberkulose. Außerdem kann sie als Zwischenwirt für Fadenwürmer auftreten.

Eine US-amerikanische Studie hat 2005 dokumentiert, dass bestimmte Allergene, die auf Schaben zurückgeführt werden können, Asthmasymptome in stärkerem Maße hervorrufen können als andere bekannte Auslöser.

Um einen Befall möglichst frühzeitig zu entdecken, nutzt man am besten Klebefallen, die mit Lockstoffen für Schaben ausgestattet sind. Da Schaben Spalten im Mauerwerk oder Risse in Silikonabdichtungen als Verstecke nutzen können, empfiehlt es sich, solche Öffnungen zu suchen und zu verschließen. Zur Bekämpfung verwendet man neben Sprays vor allem Fraßgele, die in Ritzen und Spalten geschmiert werden. Der vollständige Erfolg tritt in der Regel nach 72 Stunden ein.

Eine anschließende Reinigung der Räume von den Hinterlassenschaften der ungebetenen Gäste und eine Desinfektion der betroffenen Küchenmöbel sind zu empfehlen. Als einmalige und einzelne Maßnahme hat die Schabenbekämpfung meist nur begrenzten Erfolg. Ein systematisches Vorgehen im gesamten befallenen Bereich – also die Einbeziehung aller Nachbarschaften in einem Mehrfamilienhaus – ist dringend anzuraten. Bei geringem, sporadischem Befall kann man mit ausgelegten Ködern aus dem Drogeriemarkt Erfolg haben. Die chemische Bekämpfung in größerem Umfang sollte qualifiziertem Fachpersonal vorbehalten bleiben.

Kleidermotten

Die Kleidermotte zählt zu den unbeliebtesten Schmetterlingen, die wir kennen. Dabei sind die Motten selbst nicht das Problem, sondern deren Larven. Ein Mottenweibchen legt innerhalb von vier Wochen 50 bis 200 Eier ab – und zwar genau auf der künftigen Nahrungsquelle der Larven: auf Stoffen aus Pelz, Wolle und Wollmischgeweben. Nur im Notfall werden auch einmal Textilien aus Pflanzenfasern (Baumwolle, Leinen) angegriffen. Nicht nur Kleidungsstücke sind betroffen, sondern auch Raumtextilien und besonders Teppiche (aus Wolle oder mit Wollanteilen). In organischen Dämmstoffen aus Wolle oder Alpacca kann sich die Motte zum Bauschädling entwickeln. Unterm Teppich sind die Motten oft lange Zeit ungestört, besonders wenn Möbel darauf stehen. Wann haben Sie zum letzten Mal Ihren Teppich komplett gewendet und auf Spuren nach Motten- und Käferbefall abgesucht?

Gegen Kleidermotten ist Vorbeugen die beste Bekämpfung. Mottenpulver und Mottenkugeln hinterließen früher einen auffallenden Geruch an der Kleidung (Naphtalin bzw. Paradichlorbenzol, beide Substanzen sind gesundheitsschädlich und umweltgefährdend), heute sind die gängigen Mottenstreifen aus Papier geruchlich weitaus unauffälliger. Hingegen enthalten moderne Mottenschutzmittel die nicht ganz unproblematischen Pyrethroide; sie wirken als Nervengifte auf Schadinsekten – und, wenn auch nur schwach, genauso auf den menschlichen Organismus. Obwohl ihre Verträglichkeit wesentlich besser ist als bei anderen chemischen Produkten und akute Vergiftungen bei Menschen äußerst selten sind (man müsste schon erhebliche Dosen aufnehmen), geht der Trend dennoch zu Naturprodukten wie Lavendelsäckchen und Holzstücken aus Zedern-, Zirbelkiefer- oder Niembaumholz oder zu ätherischen Ölen.

Teppichkäfer

Der Teppichkäfer aus der Familie der Speckkäfer in seiner einheimischen Form lebt zur Paarungszeit im Freien, sucht dann aber zur Eiablage Innenräume auf, besucht uns also relativ häufig in unseren Wohnungen. Dort legen die Weibchen ihre Eier auf das Nahrungssubstrat der künftigen Larven – und das sind keratinhaltige tierische Produkte: alles was mit Haaren, Federn und Horn zu tun hat. Sie sind damit Nahrungskonkurrenten der Kleidermotte und hinterlassen auch ähnliche Fraßschäden, jedoch fehlen bei den Käferlarven die für Motten typischen Gespinste. Besonders mag der Teppichkäfer Textilien, die mit Nahrungsresten verunreinigt sind. Die Pfeilhaare der Larven können Allergien auslösen.

Befallene Textilien sollten chemisch gereinigt oder durch Erhitzen (soweit möglich) oder Einfrieren von Larven befreit werden. Vor einer Bekämpfung mit Insektiziden müssen die Larvenverstecke zugänglich gemacht (das heißt unter Umständen Fußleisten abgebaut) werden. Es können auch chemische Barrieren um die Befallstellen herum notwendig werden.

Bettwanzen

Bettwanzen sind in Mitteleuropa erst seit dem 18. Jahrhundert wirklich heimisch und zu einer echten Plage geworden, als die Wohnungen so komfortabel wurden, dass sie ein wanzenfreundliches Klima aufwiesen. In Möbelritzen, zwischen Textilien und bei angenehmen Temperaturen entwickelten sich diese Blutsauger prächtig.

Ihre Bekämpfung war anfangs außerordentlich schwierig. Im 20. Jahrhundert wurden chemische Insektizide eingesetzt. Unter anderem der flächendeckende Einsatz von DDT (Dichlor-Diphenyl-Trichlorethan) – man hielt es seinerzeit für ein Wundermittel, bevor man seine schädigende Wirkung auf den Menschen erkannte – bewirkte, dass die Bettwanze deutlich zurückgedrängt wurde. Ein verbessertes Hygienebewusstsein, „putzfreundlichere" Ausstattungen der Wohnungen, Verwendung synthetischer Materialien, die Wanzen nicht mögen, haben es den Wanzen im späten 20. Jahrhundert schwer gemacht, sich in Mitteleuropa und Nordamerika zu behaupten.

Neben der chemischen Keule kommt auch eine physikalische Bekämpfung in Betracht: die sogenannte Wärmeentwesung. Dabei erhöht man mittels eines speziellen Heizgeräts die Raumtemperatur für mindestens 36 Stunden auf 55 °C; diese Temperaturen halten die Wanzen nicht lange aus und sterben ab.

Pharaoameisen

Die Pharaoameise ist eine der kleinsten Ameisenarten, zugleich eine der unangenehmsten und gefährlichsten. Die bernsteinfarbenen Pharaoameisen sind nur 2 bis 4 Millimeter groß. Einzelne Kolonien können aber bis zu 300 000 Tiere umfassen. Sie lieben gleichbleibend warmes Klima, sind also bevorzugt ein Problem von Großbäckereien, Küchen und Krankenhäusern. Sie setzen sich aber auch in Privathaushalten fest, wo sie es bis an die warmen Platinen der Computer der Bewohner schaffen und Systemabstürze und Elektrobrände verursachen können. Die Ameisen sind das ganze Jahr über aktiv – als Hausbewohner kennen sie keine Winterruhe – und fressen alles, was Zucker und Eiweiß enthält – selbst Exkremente und Eiter. Deshalb sind Pharaoameisen als Krankheitsüberträger gefürchtet.

Direkte Giftangriffe sind meist erfolglos; die Königin gleicht die Verluste in den versteckten Nestern leicht wieder aus. Daher setzt man bei der Bekämpfung auf Fraßgift, das ins Nest eingetragen und dort an die Königin und die Brut verfüttert wird.

Gesundes Klima in Küche und Bad

Die Küche ist von alters her ein zentraler Ort des Hauses. Hier wurde gekocht und gebacken, gewirtschaftet und geredet, gestritten und geliebt. Die Küche war der Ort des Feuers – also war sie so etwas wie ein magischer Ort.

Dass der eigene Herd Goldes wert sei, wusste das Sprichwort. Und in der Tat: Wer sich auf einen eigenen Herd berufen konnte, hatte es gesellschaftlich geschafft, war Bürger, Hausherr, Familienvater, Vorsteher des Haushalts. Und letztlich ging das, was wir heute als „Gaststätte" kennen, aus Küchen hervor, in denen die Gäste direkt von der Feuerstelle her bewirtet wurden.

Von der Küche gingen von der Antike bis in die Neuzeit allerdings auch immer wieder verheerende Stadtbrände aus, weil man das Feuer nicht mit der nötigen Aufsicht bedachte.

Ausstattung und Technik der Küche, was in der Küche geschieht und wer es tut – das alles hat sich in den letzten 100 Jahren verändert. Ohne Übertreibung lässt sich sagen: Die Küche ist von einem Ort der Fronarbeit zu einer Stätte des Freizeitvergnügens geworden, von einem Reich der Notwendigkeit zu einem Reich der Freiheit. Dank technischen und sozialen Fortschritts sind nun sogar Männer in der Lage, Küchenarbeiten auszuführen.

Die Feuerstelle im Mittelpunkt
Raum in einem Gasthaus, Gemälde von Adriaen van Ostade, 1678

Die Küche – Familientreffpunkt und Gefahrenquelle

Die Küche war zugleich ein Ort, der sich nie vollständig „vergesellschaften" ließ. Seit dem 19. Jahrhundert haben soziale Bewegungen unterschiedlicher Prägung immer wieder versucht, die Frau von der Küchenarbeit zu entlasten.

Die Küche ist heute ein Ort der Kommunikation, an dem auch gekocht wird. Aus dem Reich der Notwendigkeit – einem Ort, an dem die lebensnotwendige Ernährung der Familie zu sichern war – ist ein Reich der Freiheit und der Kreativität geworden. Vielfach werden die Grundbedürfnisse heute außer Haus befriedigt. Dafür ist die Küche zu einem Freizeitort geworden, der immer beliebter wird. Der Umsatz von Kochbüchern und die Einschaltquoten von Kochsendungen sind ein indirekter Beleg dafür.

Feuchtigkeit und Schimmel

Grundsätzlich kann hier Entwarnung gegeben werden. Obwohl die Küche ein Raum ist, in dem beim Kochen, Zubereiten und Spülen viel Wasser im Spiel ist, sind die Schimmelprobleme in der Küche relativ gering. Das hat vor allem zwei Gründe:

Zum einen ist die Küche traditionell ein warmer Raum. Von alters her war er der Ort der Feuerstelle, war also ein beheizter Raum, in vielen alten Häusern sogar der einzige ständig beheizte Raum. Und auch in modernen Küchen herrscht in der Regel ein

Vorbildliche Dunstabzugshaube
Die Wandhaube mit horizontalem Schirm kann sowohl im Abluft- als auch im Umluftverfahren betrieben werden.

ausgeglichenes Klima; man lässt die Küche niemals ganz auskühlen, schon erst recht nicht, wenn – wie heute bei vielen Neubauten praktiziert – sich eine offene Küche mehr oder weniger direkt an die Wohnzonen anschließt. Dadurch fehlen die Temperaturgegensätze, welche die warme Luft veranlassen würde, ihre Feuchtigkeit an einer kalten Wand abzuladen.

Zum anderen gehört die Küche zu den am besten gelüfteten Räumen der Wohnung. Essensgerüche will man so schnell wie möglich aus der Küche wieder entfernen. Darum wird die Küche fleißiger als alle anderen Räume gelüftet. Dunstabzugshauben helfen auf elektromechanischem Weg, die Luft umzuwälzen.

Dunstabzugshauben

Die Stiftung Warentest hat 2016 insgesamt 21 Dunstabzugshauben verschiedener Bauarten getestet. Die Ergebnisse wurden im Heft 3/2016 der Zeitschrift „test" veröffentlicht, außerdem im „Jahrbuch test" von 2017. Im Fazit der Untersuchungen hieß es seinerzeit: „Kraftvolle Luftverbesserer fand

die Stiftung Warentest in allen Preisklassen – schlappe Dekohauben ebenso."

Üblicherweise funktionieren Dunstabzugshauben sowohl im Umluft-, als auch im Abluftbetrieb. Abluftsysteme saugen den Kochdunst in der Regel durch einen Fettfilter, in dem die Fettpartikel hängenbleiben. Anschließend befördert das Gebläse Abluft und Dampf ins Freie.

Umluftsysteme haben keine Verbindung nach draußen und machen keine Umbauten erforderlich. Darum passen sie in jede Küche. Zusätzlich zum Fettfilter leitet das Gebläse die Luft durch einen Geruchsfilter. Im Idealfall lagern sich Geruchsmoleküle dort ab.

Nicht immer ist es möglich, die Luft, die über der Kochstelle angesaugt wird, problemlos nach draußen zu befördern. Wo das aber möglich ist, sollte man diese Möglichkeit auch nutzen. Fazit der Tests war: „Alle Hauben arbeiten besser, wenn sie die Luft aus dem Raum herausbefördern können. Neben Gerüchen beseitigen sie dann in der Regel auch Fett effektiver als im Umluftbetrieb."

Moderne Kaffee-„Kulturen"

Schon eine Kaffeemaschine kann zum hygienischen Problem werden. Je teurer, desto unhygienischer – die Kaffeevollautomaten, die heute zur Ausstattung vieler Büros und Privathaushalte gehören, sind besonders schwer sauber zu halten. Oft herrschen dort hygienische Zustände wie in einem Abflussrohr des Spülbeckens. Auf die „automatische" Reinigungsfunktion Ihres Automaten sollten Sie sich aber nicht verlassen. Denn bei fast allen Maschinen ist diese Reinigung nur oberflächlich, während sich im Inneren des Automaten Schimmel- und Hefepilze sowie bakterielle Keime ungestört ausbreiten können. Die Faustregel lautet: Auseinandernehmen, so weit es geht; reinigen, so oft es geht; trocknen, so lange es geht (am besten über Nacht). Sollte sich die Brühtemperatur regulieren lassen, sollte man eine möglichst hohe Temperatur wählen – am besten um 70 °C.

Die Geruchs- und Fettfilter der Dunstabzugshauben müssen regelmäßig ausgetauscht werden. Im Umluftbetrieb ist dieses Prozedere eher und öfter erforderlich. Der Austausch kann sich – je nach Gerätemarke – zu einem erheblichen Kostenfaktor entwickeln.

„Noch schlechter als Geruch entfernen Umlufthauben Feuchtigkeit: nämlich gar nicht", stellten die Tester fest. „Sie wälzen die feuchte Luft nur um und blasen sie zurück in den Raum. Köche müssen regelmäßig lüften, damit kein Schimmel entsteht. Im Winter geht auf diesem Weg Wärme verloren.

Ergonomische Idealmaße

Wer eine Küche – also die Möbel, Arbeitsflächen und Geräte – kauft, gibt dafür eine Menge Geld aus. Die Kücheneinrichtung ist kein Wegwerfartikel: Wenn man sich eine Küche leistet, will man auch eine Weile mit ihr umgehen. Darum sollte man auch von Anfang an darauf achten, dass möglichst alle ergonomischen Anforderungen erfüllt sind. Wer über viele Stunden seine Kreativität in der Küche auslebt, sollte diesen Gesundheitsaspekt beachten.

Handelsübliche Küchen sind hinsichtlich ihrer Bauhöhen auf einen „Durchschnittsmenschen" ausgerichtet. Über- oder unterdurchschnittliche Körpergrößen können aber leicht zu Fehlhaltungen oder Überanstrengungen führen. Man nimmt dann unter anderem an Spültischen, Spülbecken und Arbeitstischen ungünstige Körperhaltungen ein. Das betrifft sehr große

Menschen, die sich beständig vorbeugen müssen, ebenso wie kleinere Menschen, die ständig mit angezogenen Schultern arbeiten müssen, um nicht mit den Unterarmen auf die Arbeitsplatte zu stoßen. Sehr große Menschen haben in einer platzsparend eingerichteten Küche oft das Problem, dass sie mit dem Kopf an die Hängeschränke stoßen. Sie sollten sich auf jeden Fall vor der Montage der Küche Gedanken über die Bequemlichkeit machen.

Ergonomisch günstige Höhen von Tischen und Arbeitsflächen liegen zwischen 85 und 110 Zentimetern. Üblicherweise beträgt die Bauhöhe einer Küchenzeile bis Oberkante Arbeitsplatte 90 bis 95 Zentimeter. Idealerweise sollte sich die Arbeitsplatte 10 bis 15 Zentimeter unterhalb der Ellenbogenhöhe befinden. Natürlich wird es im Privathaushalt nicht der Regelfall sein, dass man höhenverstellbare Arbeitstische einsetzen kann. Aber es ist gut, die idealen Maßverhältnisse zu kennen, um krasse Missverhältnisse auszugleichen.

Hygiene in der Küche

Viele Menschen machen sich um die Hygiene auf ihrer Toilette mehr Gedanken als um die Hygiene in ihrer Küche. Das hat dazu geführt, dass das Toilettenbecken oft der sauberste Ort der Wohnung ist. Aber wie sieht es eigentlich mit dem Abwaschschwamm in der Küche aus?

Zur Hygiene fordert die Deutsche Gesetzliche Unfallversicherung in ihrer Regel zu Arbeiten in Küchenbetrieben: „Alle eingesetzten Arbeitsmittel müssen so ausgeführt sein, dass die Gefahr einer Infektion oder Krankheit so weit wie möglich verhindert ist."

Gehen Sie doch einfach einmal alle Stellen in Ihrer Küche durch und prüfen Sie Ihr gewöhnliches Verhalten bei der Küchenarbeit. Schon bei der Materialauswahl Ihrer Küchengeräte werden Sie möglicherweise stutzen. Wann haben Sie den alten Holzlöffel, mit dem Sie immer Ihren Haferbrei umrühren, das letzte Mal wirklich gründlich gereinigt, anstatt ihn nur mal kurz unter fließendem Wasser abzuspülen? Und wie ist das mit den Schneidebrettchen – werden die nicht einfach mit dem Handrücken von Krümeln befreit? Reicht das?

Schneiden auf Holz oder Plastik?

Wie ist das überhaupt zu bewerten: Holz oder Kunststoff? Oder doch nur Edelstahl? Die Stiftung Warentest ist 2013 der Holz-Plastik-Frage nachgegangen. Das Fazit: Nüchtern betrachtet haben sowohl Plastik als auch Holz Vor- und Nachteile.

Kunststoffbretter sind pflegeleicht, sie dürfen in die Spülmaschine. Die meisten Keime überleben den 70-Grad-Gang nicht. Langes Spülen bei hohen Temperaturen – also kein Schnell- oder Glasprogramm – vorausgesetzt, kommt das Kunststoffbrett hygienisch rein aus der Spülmaschine. Kunststoffbretter sind rücksichtsvoll zu Messerklingen, lassen sie nur langsam abstumpfen. Außerdem sind sie preisgünstig in der Anschaffung. Billige Plastikbretter verziehen und verformen sich allerdings in der Spülmaschine und bilden dann keinen planen Untergrund.

Holzbretter leiden in der Spülmaschine, man spült sie daher per Hand – mit etwas Spülmittel und möglichst heiß, auch wenn man die idealen 70 °C beim Handspülen nicht aushält. Das Holz enthält aber Gerbsäuren, die auf natürliche Weise antibakteriell wirken. Diese Säuren setzen sich durch frische Schnittstellen immer wieder frei. Holzbretter sind ein schonender Untergrund für Messerklingen. Allerdings können sich Holzbretter bei unsachgemäßer Reinigung oder wenn sie aus minderwertigem Material gefertigt sind, leicht verziehen oder einreißen. Außerdem verfärben sich Holzbretter unter bestimmten Lebensmitteln oder halten die Gerüche stark aromatischer Lebensmittel lange.

Ob Holz oder Plastik – für beide Materialarten gilt: Intakte Bretter sind gesünder als beschädigte. Ein paar Kratzer machen nichts aus. Keime sammeln sich gerne in tiefen Rillen und Furchen.

Weitere Materialalternativen sind Stein oder Keramik und Glas. Man kann in der Küche auch auf Marmorschneidflächen operieren. Doch Vorsicht: Eine Steinfläche ist hart zu Messerklingen und lässt sie schnell stumpf werden. Mit Essigreinigern beispielsweise muss man beim Putzen von Kalksteinen sehr zurückhaltend sein. Keramikschneidflächen sind dagegen meist säureunempfindlich.

Antibakterielle Beschichtungen, die häufig beworben werden, bringen oftmals nicht, was man sich von ihnen erhofft. Sofern man überhaupt weiß, was in den Beschichtungen drinsteckt. Das Bundesinstitut für Risikobewertung (BfR) hielt schon 2006 „den Einsatz von antibakteriell wirkenden Mitteln im Haushalt grundsätzlich für überflüssig". Im Folgenden finden Sie einige Hinweise, wie Sie die Keimbelastung in der Küche auch ohne den Einsatz antibakterieller Mittel reduzieren können:

Geschirr reinigen

▶ Geschirr, Besteck und Küchenutensilien reinigen Sie immer mit möglichst warmem Wasser und reichlich Spülmittel. Die Spülmaschine sollte bei mindestens 60 °C laufen. Es versteht sich, dass Ihre Spülmaschine eine treue Dienerin ist, aber gerade als solche hat sie eine regelmäßige Reinigung und Maschinenpflege verdient.

▶ Grundsätzlich sollten Geschirr und Küchengeräte so bald wie möglich nach einer Mahlzeit oder nach der Benutzung gereinigt werden. Bei Zimmertemperatur vermehren sich Keime schnell – auch in der Spülmaschine, wenn das verklebte Geschirr darauf wartet, dass auch noch das Abendbrotgeschirr und die Teller vom Frühstück am nächsten Morgen dazukommen.

▶ Ist Einweichen eine gute Idee? Hartnäckige Anhaftungen am Geschirr muss man einweichen – das weiß doch jeder. Am besten eine Stunde im warmen Wasser stehen lassen ... Falsch! Warmes Wasser ist ein idealer Nährboden für Keime und Bakterien.

▶ Spülbürsten eignen sich aus hygienischer Sicht besser als synthetische Abwaschschwämme für die Geschirrreinigung. Spülbürsten können auch in der Spülmaschine mitgewaschen werden. Schwämme für zwei bis drei Minuten bei 800 Watt in die Mikrowelle geben: Abwaschschwämme halten das aus. Die Keime im Schwamm nicht. Dennoch sollten Schwämme regelmäßig ausgetauscht werden.

Abtrocknen nicht vergessen

▶ Wer mit der Hand – also handwarm – spült, sollte auch abtrocknen. Denn auch die Reste des warmen Spülwassers auf dem gestürzten Geschirr sind bakterienfreundlich.

▶ Verwenden Sie für Geschirr, Arbeitsflächen und Fußboden – und auch für das Abtrocknen der Hände – stets separate Reinigungstücher und Handtücher. Das wirkt der Ausbreitung von Keimen entgegen.

▶ Lappen, Hand- und Geschirrtücher sollen ausgebreitet trocknen können. Dass man sie regelmäßig dem 60-Grad-Waschgang der Waschmaschine anvertraut, dürfte sich von selbst verstehen. Geschirrtücher und Handtücher am besten alle zwei bis drei Tage austauschen.

Arbeitsflächen putzen

▶ Verschiedene Lebensmittel bringen von Haus aus unterschiedliche Keimbelastungen mit. Wird rohes Fleisch auf einem Schneidebrett zerkleinert, gehört das Schneidebrettchen anschließend in die Spülmaschine und soll nicht ungereinigt für die Zubereitung von Rohkostsalat verwendet werden; sonst verteilt man mögliche Keime aus dem rohen Fleisch ungebremst auf die pflanzliche Rohkost. Vor allem rohes Geflügelfleisch ist oft stark mit Keimen belastet.

▶ Um Lebensmittelreste aufzuwischen, die möglicherweise keimbelastet sind, eignen sich Einmaltücher am besten. Zum Beispiel Küchenpapier. Es ist besonders dann zu empfehlen, wenn rohes Fleisch – insbesondere Geflügel – verarbeitet wurde.

▶ Regelmäßige Reinigung verdienen nicht nur Geschirr und Besteck, auch Arbeitsflächen, Spülbecken und Küchengeräte natürlich – und die vielen Tür- und Schubladengriffe sowie Flächen, die man bei der Küchenarbeit mit den Händen berührt, sollten regelmäßig mit Reinigungsmittel gesäubert und anschließend gut getrocknet werden.

Kühlschrank und Mülleimer nicht vergessen

▶ Auch bei Kühlschranktemperaturen können sich Schimmel und Keime weiter ausbreiten. Darum muss auch der Kühlschrank regelmäßig gereinigt werden.

▶ Sparsamkeit ist eine Tugend. Aber mit Müllbeuteln sollten Sie nicht allzu tugendhaft umgehen. Abfallbehälter sollten möglichst oft geleert werden, auch wenn der Beutel nicht randvoll ist.

▶ Die Abfallbehälter selbst waschen Sie einmal wöchentlich mit Reinigungsmittel und heißem Wasser aus und trocknen sie gründlich (zum Beispiel mit Küchenpapier), bevor Sie sie mit neuen Müllbeuteln beschicken.

Keimfrei?

Muss alles keimfrei sein? Und was ist von den Versprechungen zu halten, ein Reinigungsmittel beseitige „99,99 Prozent der Bakterien"?

Die keimfreie Küche ist ein unrealistisches Ziel. Und sie ist nicht einmal ein erstrebenswertes Ziel. Wenn Keime in uns eindringen, die dem menschlichen Organismus nicht zuträglich sind, sorgt ein intaktes Immunsystem dafür, dass diese Keime ohne viel Aufhebens eliminiert und entsorgt werden.

Wenn Hersteller von Reinigungsmitteln eine besondere antibakterielle Wirkung ihres Produkts suggerieren, hat das weitreichende psychologische Folgen. Da wird Eltern schnell ein schlechtes Gewissen eingeredet, wenn sie Hochstühle, Wickelunterlagen und Spielzeug nicht mit dem vermeintlichen Wundermittel desinfizieren. Und wer immer in der Küche schafft, muss eigentlich mit diesem Mittel reinigen, das unter anderem für Schneidebretter, Arbeitsoberflächen und Kühlschränke empfohlen wird, um nicht als unverbesserliches Dreckschwein zu gelten.

Aber: Gründliches Händewaschen mit Wasser und gewöhnlicher Seife, mindestens drei Minuten lang, beseitigt tatsächlich 99,9 Prozent der Bakterien. Wo ist das Problem?

Der Westdeutsche Rundfunk hat 2016 drei Methoden der Reinigung testen lassen: Wasser, Allzweck- bzw. Neutralreiniger und Hygienereiniger. Das Ergebnis war erstaunlich. Die Reinigung mit purem Wasser ließ von den ursprünglich 250 Millionen Staphylokokken-Keimen gerade mal 42 zurück. Der Neutralreiniger hinterließ ganze zwei Bakterien und der antibakterielle Hygienereiniger konnte 11 Keime nicht beseitigen. E. coli wurde übrigens bei allen drei Reinigungsmethoden restlos weggeputzt.

Was will uns der Tester damit sagen? Hygienereiniger erringen mit ihrem antibakteriellen Versprechen gegenüber Neutralreinigern oder heißem Wasser keinen signifikanten Vorteil. Dass 2011 ausgerechnet eine Sagrotan-Flüssigseife beim Seifentest der Stiftung Warentest als Einzige durchfiel, sei nur am Rande vermerkt.

Und jetzt die schlechte Nachricht. Desinfektion ist nicht so ungefährlich, wie man denkt. Nachdem Spiegel Online im Jahr 2014 die Werbeversprechen zu Sagrotan aufs Korn genommen hatte, diskutierten im angehängten Forum zahlreiche Nutzer mit. Der Tenor der Desinfektionsbefürworter: 99,99 Prozent, das passt doch. Das reicht mir doch. Die 0,01 Prozent sind doch kein Problem.

66 Unser Putzfimmel hilft also mit, uns Hygieneprobleme zu organisieren, die wir am Ende nicht mehr wegputzen können.

Aber diese 0,01 Prozent sind eben doch ein Problem. Bakterien, die den Chemieangriff überleben, entwickeln Resistenzen. Wie Antibiotikaresistenzen entstehen, ist seit Langem bekannt. Gefährlich ist: Die resistenzvermittelnden Gene werden auch artübergreifend weitergegeben, können zum Beispiel vom Staphylococcus aureus auf der Küchenplatte zu anderen Bakterienarten überspringen. Auch die Verwendung von Reinigungsmitteln, die als Desinfektionsmittel quartäre Ammoniumverbindungen (QAV, gewöhnlich auch als kationische Tenside bezeichnet) enthalten, können zur Resistenz, ja zur Multiresistenz gefährlicher Keime beitragen. Denn die gleichen Gene,

die eine Resistenz gegen kationische Tenside vermitteln, machen die mutierten Keime auch gegen Antibiotika resistent. Unser Putzfimmel hilft also mit, uns Hygieneprobleme zu organisieren, die wir am Ende nicht mehr wegputzen können. Erst allmählich begreifen wir, dass Substanzen, die wir einsetzen, nicht nur die eine, die erwünschte Wirkung haben.

Viel hilft nicht viel. Reinigungs-, Spül- und Waschmittel sollte man so sparsam wie möglich verwenden. Bakterien können Krankheiten auslösen, gewiss. Aber eine übertriebene Bakterienphobie ist auch eine Art Krankheit. Desinfektionsmittel haben als Putzmittel im Haushalt nichts verloren. Ganz normale Neutralreiniger haben die gleiche Wirkung – und keine resistenzauslösenden Nebenwirkungen. Im Heft 6/2016 der Zeitschrift test wurden die Ergebnisse der Warentest-Studie zu Küchenreinigern veröffentlicht.

Hinter den Möbeln

Wichtiger als die Putzmittel sind die Stellen, an denen man putzt bzw. nicht putzt. Hinter den Sockelblenden der Küchenmöbel, unter und hinter dem Kühlschrank sammelt sich besonders gern Staub und Schmutz. Sockelblenden lassen sich leicht entfernen und nach dem Putzen wieder anklippen. Und nicht vergessen: Wenigstens einmal im Jahr sollte man auch die Umgebung des Kühlschranks inspizieren und gründlich reinigen.

Unfallgefahren in der Küche

Unfälle im Haushalt – das ist ein eigenes Thema. Aber die Küche ist ein Ort besonderer Unfallgefahren, darum muss beim Thema Gesundes Wohnen darauf kurz eingegangen werden.

Die Statistik spricht eine deutliche Sprache: Fast dreimal so viele Menschen sterben bei Unfällen in den eigenen vier Wänden wie bei Verkehrsunfällen. In deutschen Haushalten ereigneten sich im Jahr 2015 fast 10 000 tödliche Unfälle. Insgesamt weiß die deutsche Versicherungswirtschaft von jährlich 3 Millionen Haushaltsunfällen. Neben Stürzen, die besonders in der Altersgruppe 65+ die häufigste Unfallursache sind, gehören spitze und scharfe Gegenstände zu den Gefährdern erster Ordnung. Und die finden sich sehr häufig eben in der Küche. Unfälle mit Schnittverletzungen gehören zu den häufigsten Unfällen, die bei der Deutschen Gesetzlichen Unfallversicherung gemeldet werden.

Wo man mit Hitze und heißen Flüssigkeiten umgeht, und das ist üblicherweise nirgendwo anders so häufig wie in der Küche der Fall, da gehören Verbrennungen und Verbrühungen zu den häufigsten Unfällen. Schon mit einem Becher brühendheißem Kaffee kann man sich 30 Prozent der Körperoberfläche verbrühen, wenn man sich besonders ungeschickt anstellt. Die folgenden Tipps helfen, Unfällen in der Küche vorzubeugen :

▶ Von **stumpfen Messern** sollten Sie sich unbedingt verabschieden. Verwenden Sie ausschließlich scharfe Werkzeuge zum Schneiden und Bearbeiten von Lebensmitteln.

▶ **Schmutzige Messer** – namentlich scharfe und spitze Küchenmesser – gehören mit der Spitze nach unten in den Besteckkorb der Geschirrspülmaschine

▶ Ein **Messerblock** schützt Ihre Messer – und Sie selbst davor, sich zu verletzen. Man sollte Messer nicht in einem ungeordneten Haufen in der Schublade aufbewahren. Scharfe Messer können auch mit einem jeweils eigenen Klingenschutz versehen werden.

▶ **Schneidebretter** sind nicht immer sind so plan, dass sie auf der Küchenplatte fest aufliegen. Um ein Wegrutschen des Brettes zu verhindern, empfiehlt es sich, ein feuchtes Handtuch zwischen Küchenplatte und Schneidebrett zu legen.

▶ **Heiße Flüssigkeiten** immer beobachten! Lassen Sie Vorsicht walten. Vor allem: Lassen Sie sich nicht ablenken. Bleiben Sie beim Kochen stets am Herd. Besondere Obacht brauchen heiße Fette

Moderne Küchen werden heute oft als Arbeits-, aber immer stärker als Lifestyle-räume geplant.

und Öle. Überhitzen sie, können sogar Brände entstehen.

▶ **Anfasser** sind die bessere Alternative zu gehäkelten Topflappen. Profiköche benutzen längs gefaltete Küchenhand-tücher zum Anfassen heißer Töpfe und Pfannen, aber auch zum Abwischen oder Abtrocknen diverser Oberflächen. Am besten eignen sich Handtücher aus Baumwolle oder Halbleinen, zum Bei-spiel die sogenannten Grubenhandtü-cher.

▶ **Unordnung** sollte in der Küche tabu sein. Sie ist Auslöser für viele vermeid-bare Küchenunfälle: Beim Griff in die unaufgeräumte Schublade wird man schmerzhaft an einen Gegenstand erin-nert, den man schon lange benutzt hat; nun hat man ihn buchstäblich in der Hand. Ein herumliegendes Kabel er-weist sich als Anschluss des Wasserko-chers, ein unvorsichtiger Ruck, und man verbrüht sich mit kochendem Wasser.

Eine Fläche, die keine Abstellfläche ist, weigert sich, die heiße Bratpfanne samt Steak und Bratfett länger bei sich zu behalten; was immer die Pfanne beim Aufschlag anrichtet, entspricht nicht der ursprünglichen Intention.

▶ **Kleine Kinder** sind in der Küche beson-ders gefährdet, weil sie die Gefahren noch nicht kennen und sich der eigenen Gefährdung nicht bewusst sind. Kinder-sicherungen an den Knöpfen und Be-dienelementen anzubringen, ist also angebracht. Herdschutzgitter verhin-dern das Abrutschen von Töpfen und Pfannen.

▶ **Haustiere** sind in der Küche nicht nur ein Hygieneproblem, sondern auch eine Unfallquelle, jedenfalls während man kocht oder hantiert: Hund und Katze können zu Stolperfallen werden, wenn sie sich unbemerkt in unsere Nähe be-geben. Mensch und Tier haben dann oft beide den Schaden.

Gesundheit im Bad

Das Bad hat gegenüber der Küche einen gravierenden Nachteil:
Die Luft ist gleichsam parfümiert, wenn wir aus der Dusche
steigen. Und warum lüften, wenn es nicht schlecht riecht?

Mit dem Feuchtigkeitseintrag schaffen wir selbst – zumindest während der kalten Jahreszeit – ein weiteres Problem. Wir betreten morgens das Bad mit der Absicht, uns zu duschen. Darum drehen wir als Erstes die Heizung hoch. Wir wollen nicht bibbernd unter die Dusche treten und vor allem wollen wir nicht frieren, wenn wir tropfnass aus der Duschtasse steigen. Aber dann haben wir uns abgetrocknet. Ein Blick in den beschlagenen Spiegel sagt uns: Wir sind okay. Wir drehen die Heizung wieder runter und verlassen das Bad. Aber das Bad ist nicht okay.

Lüften und Heizen gehören im Bad besonders eng zusammen. In diesem Raum wird, nach dem Schlafzimmer, am meisten falsch gemacht. Folgerichtig treten hier auch sehr häufig Schimmelprobleme auf.

Im Badezimmer haben wir es gerne warm, meistens noch einige Grad wärmer als in den Wohnzonen. Bei 24 °C reichert sich die Luft mit der Feuchtigkeit an, die beim Duschen freigesetzt wird. An auskühlenden Oberflächen entsteht eine Atmosphäre, die Schimmel Nahrung bietet. Essigreiniger säuern die Flächen an – der Schimmel ist dann schon fast unvermeidlich. Probleme der Luftfeuchtigkeit aber bekommt man mithilfe eines Lüfters mit hygrostatischer Steuerung (siehe Seite 80) ganz gut in den Griff.

Unfallgefahren im Badezimmer

Stürze sind die häufigste Unfallursache im heimischen Badezimmer. Bei rund 250 000 gemeldeten Unfällen scheint das Badezimmer ein ziemlich unsicherer Ort zu sein. Und: Die Dunkelziffer ist höher. Die Ausrutscher der Kategorie „Gerade noch mal gut gegangen" und „War ja nicht so schlimm" zählen in der Viertelmillion nicht mit. Mit Zerrungen, Prellungen und Knochenbrüchen (vor allem an Händen und Armen) sitzen die unfreiwilligen Patienten dann vor dem Arzt. Dabei wären die meisten Unfallursachen schon mit wenigen Handgriffen zu beheben.

Ein trittfester Untergrund und die Möglichkeit, sich jederzeit festzuhalten, wenn es einmal weniger trittfest ist, sind die entscheidenden Voraussetzungen für ein unfallfreies Duschen und Baden.

▸ **Haltegriffe** sollte es im gesamten Badezimmer geben, vor allem in der Dusche, entlang der Badewanne und auch neben der Toilette. Die Griffe müssen stabil und tief in der Wand befestigt sein. Griffe, die man im Stürzen mit herausreißen kann, sind ihren Namen nicht wert.

▶ **Eine rutschfeste Beschichtung** für Fußmatten, Badvorleger und Teppiche ist Pflicht! Auch Gummiunterleger sind möglich. Das Handtuch auf dem Fliesenboden, das als Badeteppich dienen soll, kann sonst schnell zum fliegenden Teppich werden – unter Umständen mit schmerzhaften Folgen.

▶ **Rutschhemmende Matten** oder kleinteilige Applikationen (selbstklebende Rutschhemmer oder Antirutschstreifen) sichern auch die Duschtasse oder die Badewanne.

▶ **Gute Beleuchtung** im Bad mindert die Unfallgefahren. Sowohl eine helle Allgemeinbeleuchtung des Badezimmers als auch Funktionsleuchten für spezielle Bereiche sind von Nutzen, vorausgesetzt sie blenden nicht und sie verschatten nichts.

Stromunfälle sind selten geworden, seit Schutzschaltungen für mehr Sicherheit sorgen. Eigentlich bilden nur sehr alte Stromkreise und sehr alte Steckdosen, verbunden mit sehr alten Geräten, eine ernsthafte Gefahr.

Was die Gefahren im Bad allerdings verstärkt: Man hält sich im Bad in der Regel allein auf, auch über eine längere Zeit. Unfälle im Bad werden daher von Mitbewohnern oftmals erst sehr spät überhaupt wahrgenommen.

Kosmetik im Bad

Was ist da alles drin? Das mag man sich manchmal fragen, wenn man die Tuben und Tiegel, Dosen und Flaschen betrachtet, die vor dem Badezimmerspiegel aufgereiht oder im Badschränkchen platziert sind.

Dass manche der Kosmetika nicht wirklich wirken, hat sich inzwischen herumgesprochen und wird auch von Tests immer wieder bestätigt. Ein Beispiel dafür sind die vielbeworbenen Antifaltencremes, die auch nicht mehr bewirken als gewöhnliche Fett- und Feuchtigkeitscremes, dafür aber sehr viel teurer und vielleicht etwas exklusiver parfümiert sind,

Wenn es schon nicht immer hilft, schadet es dann wenigstens nicht?

Die Stiftung Warentest ist dieser Frage immer wieder nachgegangen und tut das weiterhin. Kosmetika sind gewissermaßen ein dauerhaftes Testgelände der Warenprüfer. 2015 haben sie 25 exemplarisch ausgewählte Kosmetika untersucht, die auf Mineralöl basieren. Alle waren mit kritischen Substanzen belastet. Einige der nachgewiesenen Stoffe gelten sogar als potenziell krebserregend. Es handelt sich dabei um eine bestimmte Klasse aromatischer Kohlenwasserstoffe, die sogenannten Aromatischen Mineralöl-Kohlenwasserstoffe (MOAH, von engl. Mineral Oil Aromatic Hydrocarbons). Die Tester fanden Höchst-

**Körperpflege-
produkte und
Kosmetika**
sind besonders kritisch
auszuwählen, da sie
über lange Zeiträume
direkt auf die Haut auf-
getragen werden.

werte an MOAH , die das 15 000-Fache dessen erreichten, was in Lebensmitteltests der Stiftung Warentest gemessen wurde.

Die Tester waren zunächst eher durch Zufall auf hohe MOAH-Anteile in Körperölen gestoßen, glaubten aber nicht an einen Zufallsfund. Alle untersuchten Kosmetika, darunter immerhin bekannte und weitverbreitete Marken wie Bebe, Blistex, Dove, Labello, Nivea und Penaten, waren, wie die Tests ergaben, mit MOAH belastet.

Gesichert ist bislang noch wenig. Doch die Europäische Behörde für Lebensmittelsicherheit (EFSA) hält die Aufnahme von MOAH mit der Nahrung für „potenziell besorgniserregend". Vornehmlich Lippen-

pflegeprodukte sind von dieser Einschätzung betroffen. Denn sie gelangen über den Mund direkt in den Körper, wenn auch nicht in den Mengen wie beim Essen von belasteten Nahrungsmitteln. Dennoch: „Wegen der Testergebnisse raten wir von Lippenprodukten, die mit Mineralöl hergestellt werden, ab. Ob ein Produkt Mineralöl enthält, steht in der Inhaltsstoffliste."

Bei Körperölen und Cremes ist die Situation unübersichtlich. Einerseits gilt als ausgemacht, dass Öle, Emulsionen und Cremes nur an den oberen Hautschichten wirken. Andererseits werben die Hersteller eindringlich mit der Tiefenwirkung ihrer Produkte und beteuern, dass die Wirkstoffe natürlich auch in die tiefen Hautschichten eindringen.

Und wie verhält es sich mit den Risiken und Nebenwirkungen anderer Kosmetikprodukte?

Seit Forscher vor einigen Jahren Aluminium im Körper mit schweren Krankheiten wie Brustkrebs und Alzheimer in Verbindung gebracht haben, sind Aluminiumsalze als gesundheitsgefährdend in Verruf geraten. Derzeit kann die gesundheitliche Beeinträchtigung durch aluminiumhaltige Kosmetika weder wissenschaftlich klar nachgewiesen noch eindeutig widerlegt werden. Die Folge: Verunsicherung und die Empfehlung des Bundesinstituts für Risikobewertung, möglichst wenig Aluminium an den Körper zu lassen. Die Stiftung Warentest untersuchte 2016 acht Deo-Sprays für Herren. Das sind Produkte, in denen üblicherweise – wegen ihrer desodorierenden Wirkung – Aluminiumsalze vorkommen. Man mag über Parfümierung und Wirkdauer ja unterschiedlicher Ansicht sein, aber nur zwei Sprays schnitten mit „Gut" ab. Es waren interessanterweise die beiden Sprays, die auf Aluminiumsalze ganz verzichteten. Es geht also auch ohne.

Eine andere Substanz, die ins Gerede gekommen ist, sind Fluoridsalze. Kann Fluorid auch schädlich sein? Angeblich könne Fluorid Krebs auslösen, beteuern Kritiker. Nach heutigem Wissensstand gibt es dafür keine Belege. Hingegen wirkt Fluorid gegen Beläge auf den Zähnen und bietet eine gute Kariesprophylaxe. Auch das Risiko, sich über eine Zahncreme mit Fluorid zu vergiften, ist nahe null: Für einen 75 Kilo schweren Erwachsenen liegt die tödliche Dosis bei 3500 Milligramm. Eine 75-Milliliter-Tube enthält aber höchstens 112 Milligramm Fluorid. Man müsste also auf einmal 31 Tuben fluoridhaltige Zahncreme aufessen, um sich mit Fluorid zu vergiften.

Ein anderer Bestandteil von Zahncremes, der neuerdings kritisch gesehen wird, ist Zink. „Es gilt als wissenschaftlich erwiesen, dass der Mineralstoff gegen Bakterien wirkt und damit unter anderem vor Plaque und Zahnstein schützt. Ein Übermaß an Zink könnte langfristig aber negative Effekte haben, etwa das Immunsystem schwächen, zu Blutarmut und nervenbedingten Bewegungsstörungen führen."

→ Die Chemie-App des BUND

Der Bund für Umwelt- und Naturschutz hat eine App entwickelt, mit der man sich über die Inhaltsstoffe von Kosmetika informieren kann. Schadstoffe aufspüren oder vom Hersteller Informationen einholen soll damit viel einfacher werden. Der BUND erklärt seine App so: „Der BUND hat mit dem ToxFox einen Produktcheck entwickelt, der dir hilft, Alltagsprodukte vor dem Kauf auf Schadstoffe zu prüfen. Hormonell wirksame Parabene im Duschgel? Fortpflanzungsschädliche Weichmacher im Schulranzen? Einfach den Strichcode scannen und Auskunft erhalten – oder vom Hersteller einholen!" Gegenwärtig konzentriert sich die App auf Kosmetika und Kinderprodukte. Bei den Kosmetika sind 80 000 Produkte in der Datenbank. Verwendbar ist die App für iPhone und Android-Smartphones. Aber auch ohne Smartphone kann man, mithilfe des Produkt-Codes, online die entsprechenden Informationen abfragen: www.bund.net/chemie/toxfox

Putzmittel im Bad

Badreiniger hat die Stiftung Warentest 2016 untersucht und die Ergebnisse im Heft 3/2016 der Zeitschrift test veröffentlicht. Auch hier wurden die Faktoren Reinigen (45 Prozent), Materialschonung (25 Prozent), Sprüh- und Haftverhalten (10 Prozent) sowie Umwelt und Gesundheit (20 Prozent) unterschiedlich gewichtet. Unter den Kraftreinigern belegten drei Discounter-Eigenmarken die ersten Plätze; alle neun getesteten Produkte schnitten mit „Gut" ab. Von

den zehn getesteten klassischen Badreinigern erreichten fünf ein „Gut" und fünf ein „Ausreichend". Auch bei den Badreinigern belegten drei Discounter-Eigenmarken die ersten drei Plätze.

Es gab „insbesondere bei den klassischen Reinigern große Unterschiede: Die Hälfte schneidet gut ab, der Rest nur ausreichend. Sie schwächeln vor allem bei der Putzleistung. Dafür sind sie meist sanft zu Mensch und Natur. Bei den Kraftreinigern ist es umgekehrt: Sie reinigen gründlich, belasten Gewässer und Schleimhäute aber oft mehr", schätzten die Tester die Putzmittel-Revue zusammenfassend ein.

Wenn man zu Hausmitteln, also traditionellen Substanzen wie Essig, Sand und Soda greift, sollte man bedenken: Essig, Essigessenz und Essigreiniger als Fertigprodukt sind ein hervorragendes Mittel gegen Kalk. Essig kann aber Naturstein schädigen, da er sich dort mit dem Kalk anlegt und ihn aus dem Stein löst. Außerdem sind Begegnungen mit Essig für Messing und Bronzelegierungen unangenehm – sollten also in Armaturen solche Metalle verbaut sein, halten Sie sich mit Essigreinigern bitte zurück. Verwenden Sie nur säurefreie Reiniger.

Alles fließt …

… nur der Ablauf des Waschbeckens oder der Dusche fließt wieder mal nicht ab. Also her mit der chemischen Keule? Oder gibt es umweltfreundlichere Alternativen?

Abflussreiniger enthalten stark ätzende, alkalische Substanzen: Natriumhydroxid (NaOH) oder Kaliumhydroxid (KOH). Die älteren, populären Bezeichnungen dafür sind Ätznatron oder Ätzkali; sie drücken die Gefährlichkeit der Substanzen eigentlich besser aus als die wissenschaftlichen Bezeichnungen. In Chemielabors müssen, sobald man mit solchen Substanzen arbeitet, Schutzbrille, Atemschutz und ätzfeste Handschuhe getragen werden.

Beim Zusammentreffen mit Wasser bilden NaOH und KOH starke Laugen. Die Reaktion ist stark exotherm, das heißt, das normal temperierte Leitungswasser heizt sich im Gebräu auch schon mal auf 80–85 °C auf. Darum sollte man, wenn man solche Mittel schon verwendet, streng die Dosierungsvorschriften einhalten. Drei Esslöffel? Dann sind auch drei Esslöffel gemeint und nicht die halbe Packung.

Braucht man wirklich solche Rohrbomben? Das Problem verstopfter Abflüsse besteht meistens in einem Pfropfen aus Haaren und Seife. Wer jemals mit einer Rohrzange Hand angelegt und einen verstopften Traps (Siphon) geöffnet hat, weiß, dass so ein Pfropf keine appetitliche Angelegenheit ist. Aber ist Ätznatron etwa appetitlicher? Ätzende Laugen zersetzen die Verklumpung chemisch, das ist der Plan. Aber sie entlassen auch ätzende Dämpfe in die Raumluft. Die schaden Lungen, Schleimhäuten, Augen und manchen anderen Stellen Ihres Körpers, die eigentlich unbeschädigt bleiben sollten.

Welche Alternativen haben Sie?

▶ **Vorbeugung:** Siebe für den Abfluss verhindern, dass sich Haare im Abfluss überhaupt erst festsetzen, natürlich nur, wenn man sie getrennt im Hausmüll entsorgt und nicht mit herunterspült. Zur Unterstützung kann man die Duschtasse oder die Wanne nach dem Gebrauch mit einem Schwung heißen Wassers füllen und dann den Stöpsel ziehen: Das spült auch Seifen- und Shampooreste durch das Rohr, bevor sie sich festsetzen.

▶ **Saugglocke:** Der sogenannte Pömpel oder Pümpel arbeitet mit Luftdruck, allerdings nur mit dem Druck der Luft, die unter der Gummiglocke eingeschlossen wird. Geeignet für Waschbecken, Küchen-Spülstein, Badewanne und Duschtasse – weniger gut geeignet

Rohr frei ohne Chemie
Der altbekannte und vielfach bewährte Pümpel (links) und Rohrreinigungswelle, gemeinhin Spirale genannt (rechts)

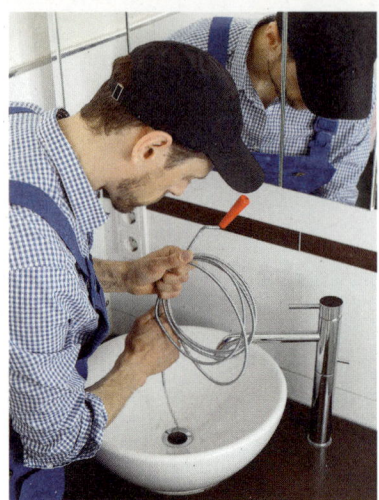

für Toilettenbecken. Den Überlauf der Becken sollte man dazu abdichten, damit der Luftstoß dort nicht wirkungslos entweicht.

▶ **Pressluft-Rohrreiniger** sind handliche, zylinderförmige oder pistolenartig geformte Druckluftgeräte, die mit verschiedenen Aufsätzen (für Waschbecken, Toilettenschüsseln usw.) geliefert werden. Das Gerät wird mit dem Adapter auf den Abfluss gesetzt, dann wird per Handpumpe die Luft im Arbeitszylinder verdichtet und anschließend ein Druckluftstoß von 3 bis 4 bar ausgelöst. Einfache Werkzeuge dieser Art bleiben im Verkauf bei unter 20 Euro.

▶ **Spirale:** So wird volksläufig die Rohrreinigungswelle – ein etwas sperriger Begriff – genannt. Ein flexibler Metallschlauch wird in das Rohr eingeführt und kann sich dem Lauf des Rohres anpassen. Mit einer Handkurbel kann man von hinten die Spitze der Welle direkt an der Verstopfung drehen und sie dadurch mechanisch auflösen. Handelsübliche Wellen sind zwischen 40 Zentimeter (speziell für Badewannen) und 5 Meter lang. Sinnvoll ist es, eine Länge zu wählen, die der Lage der Verstopfung im Rohr entspricht – wenn man sie denn lokalisieren kann. Eine Reinigungswelle von 3 Meter Länge kostet weniger als 15 Euro.

▶ **Rohrzange:** Wenn man mit Spirale und Luftdruck nicht weiterkommt, muss man den Siphon aufschrauben und versuchen, den Knoten eigenhändig zu lösen. Die Schwierigkeit dabei: Alles ist bestens verfliest, verfugt und keramisch verblendet, damit es schön aussieht. Wenn man Glück hat, kommt man über die Revisionsklappe an das Rohr. Wenn man Pech hat, muss man erst einiges abbauen.

Bessere Luft im Bad

Die Physik lässt sich nicht überlisten. Es gibt einen Taupunkt. An diesem Punkt beginnt die Feuchtigkeit aus der Luft (zum Beispiel des Badezimmers) zu kondensieren und schlägt sich an Gegenständen nieder.

Der Badezimmerspiegel beschlägt: An der kalten Oberfläche kondensiert das Wasser, das zuvor in der warmen Luft enthalten war. Was können Sie tun, um Probleme mit Kondenswasser dauerhaft zu vermeiden?

Das Wandmaterial richtig wählen

Wenn Sie selber bauen, achten Sie darauf, dass im Bad kein Gipsputz verwendet wird. Gips kann eine Atmosphäre schwefliger Säuren schaffen. So zart konzentriert die auch immer sein mögen; sie neigen zur Verpilzung. Bei Kalk, Calciumcarbonat, geschieht das nicht, der schafft eine basische Atmosphäre. Und kein Pilz der Welt will auf einem Kalkstein siedeln.

Verwenden Sie keine Raufasertapete im Bad. Das ist Futter für Schimmelpilze. Verwenden Sie am besten gar keine Tapeten. Rein mineralische Anstriche sind ein paar Euro teurer, aber da die Flächen in Badezimmern nicht so riesig sind, sollte das keine Rolle spielen. Nehmen Sie beim nächsten Renovieren die alten Tapeten herunter. Schrubben Sie die alten Farben ab. Verwenden Sie Mineralfarben.

So lüften Sie Ihr Bad richtig

Wenn Sie morgens duschen wollen, dann heizen Sie das Badezimmer vorher an, damit die Wände warm werden. Nach dem Duschen öffnen Sie (sofern vorhanden) das Fenster – und zwar vollflächig – und machen eine Schocklüftung; am besten noch eine Durchzugslüftung, wenn der Wohnungsgrundriss das erlaubt.

Lüften Sie Ihr Badezimmer gut. Und zwar nicht andauernd, sondern stoßweise, immer dann, wenn im Bad „Action" war. Im Badezimmer permanent das Fenster offen zu lassen, auf Kipp zu stellen, ist unsinnig, dadurch kühlt der Raum aus, die Wände kühlen aus – und dann reicht manchmal schon ein schnelles Händewaschen zwischendurch, dass sich Kondensat an den Wänden bilden kann.

Wenn Sie die Lüftung via Fenster nicht schaffen, weil Ihr Tagesablauf Ihnen dafür keine Zeit lässt, empfiehlt sich der Einbau eines Lüfters mit hygrostatischer Steuerung.

Keller, Speicher, Hof und Garten

Manchmal sind wir ja perfekte Ignoranten und meinen, wenn das Problem im Keller ist, kommt es schon nicht zu uns hoch. Und was auf dem Speicher, dem Dachboden geschieht, schauen wir uns nur alle paar Jahre einmal an.

→ **Unser Wohnen** beschränkt sich nicht auf die Wohn- und Schlafräume. In den sogenannten Nebengelassen halten wir uns zwar nicht ständig auf, aber diese Räume und die darin gelagerten Gegenstände können unsere Gesundheit durchaus beeinflussen. Der Schleifstaub aus dem Hobbyraum und der Schimmel aus dem Keller landen auch in unserem Bett.

Unsere Wohnung besteht nicht aus hermetisch abgeschlossenen Räumen. Nebengelasse und Außenanlagen verdienen Aufmerksamkeit. Keller, Speicher, Hof und Garten gehören ebenso zu unserem Lebensraum wie Schlafzimmer, Bad und Küche. Zu einem gesunden Wohnumfeld gehört also mehr als die Wohnung im engeren Sinn. Wenn wir die Nebengelasse vernachlässigen, können wir im schlechtesten Fall Gesundheitsgefahren für uns heraufbeschwören – zum Beispiel indem wir Ratten und andere Schadtiere ins Haus lassen.

Nebenbei kann auch das Haus selbst dadurch beschädigt werden. Was beispielsweise Waschbären unterm Dach anrichten können, wissen Betroffene zu berichten, die mit Sanierungskosten in beträchtlicher, oft fünfstelliger Höhe konfrontiert sind.

Feuchter Keller?

Keller ist nicht gleich Keller. Bei Kellern oder Untergeschossen kommt es auf die Nutzung an, vor allem aber auf das Baujahr des Gebäudes und auf den Ausbau- und Sanierungszustand.

Zunächst muss man unterscheiden, ob es sich um einen alten Gewölbekeller (circa 100 Jahre alt oder älter), einen Altbaukeller aus den Jahren 1920 bis 1940, einen Altbaukeller aus den Jahren 1950 bis 1970, einen nach 1970 errichteten Keller oder um einen Neubaukeller handelt. Keller verschiedener Bauepochen sind nach unterschiedlichen Standards errichtet. Nicht jeder Keller kann als Kellerwohnung oder als Hobbyraum genutzt werden. Andererseits wird man auch in älteren Gebäuden Keller finden, die nachträglich fit gemacht wurden, etwa um Wasser von außen zu widerstehen oder gar, um als Luftschutzkeller zu dienen. Hier interessiert aber nicht das Wasser von außen, sondern das Wasser von innen – mit anderen Worten: die Feuchtigkeit, die wir selber als Bewohner oder Nutzer eintragen.

Feuchtigkeit im Keller kann viele Ursachen haben. Wenn die gravierendsten bautechnischen Probleme ausgeschlossen werden oder als behoben gelten können, hat man es selbst in der Hand, den Feuchtigkeitsproblemen im Keller oder im Untergeschoss entgegenzuwirken. Feuchtigkeit und nasse Wände in Kellern und Untergeschossräumen sind nämlich auch deshalb ein so weit verbreitetes Problem, weil beim Lüften oft Fehler gemacht werden.

Es ist ein Paradox: Das Lüften eines Kellers funktioniert nach den gleichen Prinzipien wie das Lüften einer Wohnung – nur völlig anders. Nach den gleichen Prinzipien heißt: Die Physik lässt sich im Keller genauso wenig überlisten wie im Badezimmer. Die Physik des Taupunkts bestimmt auch hier das Gleichgewicht zwischen Kondensation und Verdunstung und sagt aus, wie viel Wasser bei einer bestimmten Raumtemperatur im Keller von der Luft gehalten werden kann und wo etwa eine kalte Wand dazu führt, dass sich das gespeicherte Wasser in der Kellerluft an genau dieser Wand niederschlägt. Diese ungewollte Kondensationsfeuchte kann nicht nur zu Tropfenbildung, sondern zu regelrechten Pfützen führen. Vergeblich sucht man dann oft nach einer defekten Leitung, aus der es tropft. Das Problem liegt in der Luft. Oder besser gesagt: in der Lüftung.

„Schön, dass es endlich wieder Sommer ist. Da können wir den Keller mal richtig gut durchlüften und ihn von dem muffig-modrigen Geruch befreien. Und wenn es draußen warm ist, kann der Keller ja gut austrocknen." Das ist in guter Absicht gedacht. Und würde vielleicht auch funktionieren, wenn wir im Sommer ausschließlich trockene Saharaluft hätten. Aber so sind die Sommer in unserer Gegend nicht. Darum ist das sommerliche Lüften der Keller falsch. Je wärmer die Luft im Freien ist, desto mehr ist sie mit Feuchtigkeit angereichert. Und die holen wir uns mit der schönen warmen Sommerluft in den Keller. Die Feuchtigkeit der warmen Luft wird mit den deutlich kühleren Kellerwänden konfrontiert; sie kondensiert und diffundiert langsam, aber sicher ins Mauerwerk. Die Wand wird feucht, beginnt, seltsam zu riechen. Das ist ein Zeichen dafür, dass sie sich als Siedlungsgrundlage für Mikroorganismen und Schimmelpilze bereits erfolgreich angeboten hat.

Was kann man tun?

Kellerräume, Hobby- oder Fitnessräume, aber auch Wohnungen im Tiefparterre (Souterrainwohnungen) sollten möglichst nur in der Nacht oder in den frühen Morgenstunden gelüftet werden. Und am besten auch nur dann, wenn die Außenluft trocken ist. Das lässt sich natürlich nicht immer umsetzen. Wer möchte schon nachts oder in den frühen Morgenstunden in den Keller steigen und die Fenster öffnen? Und wer macht sie wieder zu? Und vor allem wann?

Wie sieht es in der Realität aus? Im Sommer wird der Keller – vermeintlich – gut gelüftet. Im Herbst werden die Fenster wieder geschlossen. Allmählich wird es kalt im Keller. An den Wänden zuerst. Wohin soll die Luft mit ihrem vielen Wasser, das noch aus dem Sommer stammt? Sie lässt es fallen. An den Wänden zuerst. Dann überall.

Wäre es dann nicht überhaupt besser, den Keller nur im Winter zu durchlüften und im Sommer die Kellerfenster zu schließen? Dauerhaft nur einfach kalte trockene Luft in den Keller zu führen, beseitigt das Problem der Feuchtigkeit nicht. Es führt nur

---

ℹ️ Temperaturkontrolle

Infrarot-Laserthermometer zur Messung von Oberflächentemperaturen gibt es in Bau- oder Elektronikmärkten bereits für weniger als 40 Euro. Damit können Sie die Temperaturen der Kellerwände, des Bodens und anderer Bauteile messen. Messen Sie an Kellerwänden und anderen Bauteilen weniger als 12 °C, sollten die Kellerfenster zwischen Mai und September geschlossen bleiben. Solange es in den Kellerräumen bei Tag kühler ist als draußen, kann die Feuchtigkeit allenfalls in der Nacht hinausgelüftet werden.

dazu, dass die Kellerinnenwände auch von innen gekühlt werden und das Wasser, das möglicherweise schon in der Wand ist, wenig Neigung zeigt zu verdunsten.

Wie feucht darf der Keller sein?

Wie hoch die Luftfeuchtigkeit in Ihrem Keller sein sollte, hängt ganz von seiner Nutzung ab. Wenn Sie die Räume im Untergeschoss als Arbeitszimmer, Wohnraum oder Hobbykeller nutzen, sollte die Raumluftfeuchtigkeit zwischen 40 und 60 Prozent liegen. Die optimale Wohntemperatur beträgt ca. 21 °C.

Nutzen Sie Ihren Keller in erster Linie als Lebensmittellager, darf die Raumluftfeuchtigkeit auch zwischen 50 und 65 Prozent betragen. Allerdings sollte sich die Luftfeuchtigkeit nicht dauerhaft an der Obergrenze bewegen.

Nutzen Sie den Keller auch als Wasch-, Bügel- und Trockenraum, kommt es zu zusätzlichem Feuchtigkeitseintrag durch die feuchte Wäsche. In diesem Fall ist es besonders wichtig, dass Sie regelmäßig lüften, um Schimmelbildung zu vermeiden.

**Keller trockenlüften –
wann und wie?**

Sommerluft macht den Keller feucht. Winterluft hilft ihn trocknen.

Die Faustregel dabei lautet: Ist die Außenluft kühler und trockener als die Innenluft im Keller, dann ist die richtige Zeit zum Lüften.

Üblicherweise haben ungeheizte Keller eine Wintertemperatur von 8–10 °C. Am besten ist auch hier die Stoß- und/oder Durchzugslüftung. Bei der Stoßlüftung wird die warme feuchte Luft aus dem Keller verdrängt. Hilfreich ist, dass sie sowieso nach oben will. Drängt kalte Luft in den Keller nach, gibt man ihr einen Tag Zeit, sich im warmen Keller aufzuwärmen. Am nächsten Tag wiederholt man den Prozess: Warmluft raus, Kaltluft rein. Mit einem Hygrometer lässt sich überprüfen, a) wann draußen die Luft trocken genug ist und b) wie erfolgreich man mit der Kellerlüftung war.

Grundregeln für richtiges Lüften im Keller

▶ Immer nur kurz lüften. Besonders im Sommer die Kellerfenster nicht lange oder ständig geöffnet lassen.

▶ An sehr heißen und/oder schwülwarmen Tagen den Keller besser gar nicht lüften.

▶ Im Winter auch an kalten Tagen eine kurze Stoßlüftung – nach Möglichkeit als Durchzugslüftung – durchführen. Es kommt vor allem auf den Luftwechsel an.

▶ Mit Thermometer und Hygrometer erhält man zuverlässige Daten zur Ausgangssituation, behält die Kontrolle über Temperatur und Feuchtigkeit und misst den Erfolg der getroffenen Maßnahmen. Es gibt auch an warmen Tagen Wetterlagen mit sehr trockener Luft.

Die Experten- meinung

Besondere Bedingungen nutzen

In manchen älteren Kellern können die vorhandenen Schornsteine um- gewidmet werden, sofern sie für Heizungszwecke nicht mehr genutzt werden. Man rüstet sie mit einem windgetriebenen Exhauster (auch drehbarer Kaminaufsatz genannt) aus. In den Kellerräumen werden die ehemaligen Reinigungsöffnun- gen des Schornsteinfegers ausge- baut und durch Lüftungsgitter er- setzt. Danach findet permanent ein real sehr geringer Luftwechsel (unter 0,5-fach) statt. Der Effekt ist aber, dass sich die Oberflächentem- peratur der Kellerwände langsam, aber stetig an die Außenverhältnisse anpasst. Die Umrüstung verursacht außer der Investition keine weiteren Betriebskosten und hilft tatsächlich. In der Regel erfolgt sie im Zusam- menhang mit dem Einbau eines neuen Fußbodenaufbaus im Keller, wobei hier eine horizontale Abdich- tung entsprechend DIN 18 195 her- gestellt wird.

Ekkehardt Weyrauch, Architekt

Und nicht immer ist kühle Luft auto- matisch trockener als die Innenluft des Kellers.

Aktive Lüftungstechnik im Keller

Auf die harte Tour rückt man der Feuchte im Keller mit einem Bautrockner oder einem anderen Raumentfeuchter auf den nassen Pelz. Das kann nützlich sein, wenn man ein akutes Problem erstmals angreift. Bautrockner verbrauchen relativ viel Strom, der Kondensattank muss regelmäßig ge- leert werden (ist er voll, schaltet das Gerät einfach ab), und lüften muss man trotzdem.

Nützlich kann ein intelligentes automati- sches Lüftungs- bzw. Entlüftungssystem sein. Wenn Sie in Ihrem eigenen Haus woh- nen, können Sie die Technik in eigener Ver- antwortung installieren.

Die technische Trockenlüftung berück- sichtigt die Taupunktphysik. Sie ersetzt feuchte Luft durch trockenere. Dadurch er- folgt eine langsame Entfeuchtung der In- nenwandoberflächen. Beispielsweise kann man die Anlage so einstellen, dass sich der Lüfter immer dann einschaltet, wenn die Taupunkttemperatur außen um 5 °C niedri- ger ist als im Keller.

Den Keller heizen?

Lässt sich im Keller eine Heizmöglichkeit in- stallieren, hilft das im Kampf gegen zu hohe Feuchtigkeit. Dann kann man auch im Som- mer lüften, weil die Wände nicht mehr so kalt sind wie in einem unbeheizten Keller.

Vorteilhaft ist, eine Heizung mit einem hohen Anteil von Strahlungswärme zu installieren. Denn nur die Wärmestrahlung wirkt direkt auf die Oberflächen. Erwärmt sich nun die Raumluft zweitrangig an den Oberflächen, die durch die Wärmestrahlung bereits erwärmt sind, so sinkt die relative Luftfeuchtigkeit, da die warme Luft mehr Wasserdampf aufnehmen kann. Die Luft bringt nun die Verdunstung aus den Oberflächen in Gang. Flächenheizungen sind besonders zu empfehlen. Heizkörper vom Typ 10 eignen sich gut, sie geben etwa 55 Prozent der Energie als Strahlungswärme ab und nur 45 Prozent als Konvektionswärme.

Hat der Keller keine eigene, fest installierte Heizungsanlage – und das ist bei feuchten Kellern in der Regel der Fall –, kann man den Prozess des Trockenlüftens mit einer mobilen Heizungsanlage unterstützen – mit einem Heizlüfter, einem Heizstrahler oder mit einem Ölradiator (einer sogenannten Schwedenheizung). Nachteil aller elektrischen Heizungen ist ein niedriger Wirkungsgrad. Allen elektrischen Heizgeräten ist eigen, dass sie einen relativ niedrigen Anschaffungspreis haben, dass aber der Betrieb sehr hohe Energiekosten verursachen kann. Das kann unter Umständen aufgefangen werden, wenn man auf dem Dach des eigenen Hauses mit einer Fotovoltaikanlage Solarstromüberschüsse produziert.

Heizstrahler wurden in der DDR in den innenliegenden Bädern von Neubauwohnungen regelmäßig verbaut. Sie haben eine Heizleistung von 1 500 bis 3 000 Watt; einige Modelle verfügen auch über mehrere schaltbare Heizstufen. Infrarot-Heizstrahler werden überwiegend im Außenbereich eingesetzt, eignen sich aber auch für Innenräume, etwa um ein Bauteil aufzuwärmen.

Ölradiatoren eignen sich für Räume, die nicht regelmäßig beheizt werden oder die über keine eigene fest installierte Heizung verfügen: Garagen, Keller, Wintergärten, Werkstätten. Meist sind die Geräte auf Rollen gelagert, lassen sich also leicht an den günstigsten Ort der Wärmeabgabe verschieben. Empfehlenswert sind Heizkörper mit Rippen, weil die größere Oberfläche die Wärmeabstrahlung verbessert. Meist sind zwei bis drei Heizstufen schaltbar. Die typischen Heizleistungen bewegen sich zwischen 700 und 2 500 Watt.

Heizlüfter machen Wärme in Steckdosennähe schnell verfügbar. Sie eignen sich zur raschen Erwärmung der Raumluft in kleineren Räumen. Wenn Sie einen Heizlüfter betreiben wollen, sorgen Sie dafür, dass er frei steht; er muss genügend Ansaugluft bekommen und der Abluftweg darf nicht versperrt werden, weil sich sonst Stauwärme bilden kann; das Gerät überhitzt sich dann und schaltet sich ab. Nachteil des Heizlüfters ist, dass er die Luft verwirbelt und dabei auch Staub – eventuell sporenbelasteten Staub – aufwirbelt. Das ist ein Effekt, den man in einem Keller, in dem es höchstwahrscheinlich schon Schimmelbefall gibt, möglichst vermeiden will.

Ungebetene Besucher unterm Dach

Man kann nicht wirklich gesund wohnen, wenn das Haus krank ist. Das gilt für den Befall mit diversen Holzschädlingen in besonderem Maß.

Wenn ungebetene Besucher ins Haus eindringen, sind es im harmlosen Fall sogenannte Lästlinge, wie die Taubenzecken, die zwar keinen ernsthaften Schaden anrichten, aber für die Betroffenen oft mehr als unangenehm sind. Schlimmere Folgen kann es haben, wenn Holzschädlinge sich – beispielsweise im Dachstuhl – ausbreiten. Sie fressen sich lange unbeobachtet bei uns durch. Und wenn Wespen ihre Nester bauen, ist unter Umständen nicht nur die Gesundheit der Bewohner, sondern auch die Holzkonstruktion bedroht. In diesen Fällen ist Aufmerksamkeit geboten, nicht aber vorschnelles Handeln ohne fachliche Kompetenz.

Taubenzecken unterm Dach

Zu den unangenehmsten Begegnungen, die man in seiner Wohnung haben kann, gehört der Kontakt mit Taubenzecken. Dieses kleine Spinnentier befällt vorwiegend Tauben. Es ist in Europa ausschließlich in und an Bauwerken zu finden. In der freien Natur tritt es nicht auf. Die Zecken folgen den Tauben zu ihren Nist- und Schlafplätzen. Und da Massen an verwilderten Tauben die Häuser unserer Städte besiedeln, befinden sich auch die Zecken dort – und oft in unmittelbarer Nachbarschaft des Menschen.

Überall dort, wo Tauben ins Gebäude selbst eingedrungen sind, es sich also auf Dachböden, in Dachstühlen usw. gemütlich gemacht haben, besteht eine hohe Wahrscheinlichkeit, dass auch die Parasiten mit im Haus sind. Und sind sie erst einmal drin, bekommt man sie ganz schwer wieder raus. Das kann zu einem lästigen Problem werden.

Denn gehen dem Parasiten einmal die Tauben aus, sucht er sich einen Ersatzwirt. Und da laufen oder liegen ganz in der Nähe Menschen herum – wie praktisch. Als nachtaktives Tier wird die Zecke auf dem Weg zu ihrem Wirt nur selten bemerkt. Auch ihr Biss ist nicht schmerzhaft, man wacht in der Regel nicht auf davon.

Die Bisse können aber bei empfindlichen Menschen sehr starke allergische Reaktionen auslösen, die von dicken Schwellungen über Fieber bis zum anaphylaktischen Schock reichen. In der Regel ist es der Speichel der Zecken, auf den Menschen allergisch reagieren.

66 Keine Bodenfuge ist zu klein, dass nicht noch eine Taubenzecke hindurchpassen würde.

Taubenzecken sitzen bevorzugt in Ritzen und Fugen von Dachstühlen und im Mauerwerk sowie hinter Holzverkleidungen. Auch wenn die Tauben längst vergrämt sind und der Dachstuhl saniert ist, harren die Zecken noch aus. Sie können ihren Stoffwechsel so herunterfahren, dass sie jahrelang in Hungerstarre überdauern können.

Und das bedeutet: Auch nachdem ein Dachgeschoss ausgebaut worden ist, finden die Parasiten den Weg zu ihren Ersatzwirten. Sie gelangen über kleinste Öffnungen in angrenzende bewohnte Wohnungen. Selbst Rigipswände stellen kein Hindernis dar; die Tiere dringen durch Schrauben- oder Bohrlöcher in die Wohnungen ein. Keine Bodenfuge ist zu klein, dass nicht noch eine Taubenzecke hindurchpassen würde. Es ist sogar schon vorgekommen, dass eine neu ausgebaute Dachgeschosswohnung erst einmal wieder zurückgebaut werden musste, um zunächst die Taubenzecken wirksam zu bekämpfen.

Selbst zur Feststellung eines Befalls bedarf es einiger Sachkunde, weil die Tierchen selten sichtbar werden. Die häufigsten Sichtungen werden in den Monaten März bis Juli gemeldet. Die Zecken laufen in dieser Zeit nicht nur innerhalb des Gebäudes in Richtung Wirt, an warmen Tagen kann man sie auch an den Außenmauern krabbeln sehen. Sie dringen durch Fenster und Balkontüren ein.

Eine Bekämpfung ist sehr kompliziert. Denn nicht nur der Raum selbst, sondern auch Hohlräume, die als Rückzugsräume dienen können, müssen berücksichtigt werden. Wegen des spezifischen Lebenszyklus der Taubenzecke muss die Bekämpfung mit kombinierten, lang wirkenden Chemikalien und wiederholt erfolgen.

Da Taubenzecken nach bisherigem Kenntnisstand keine Krankheiten auf den Menschen übertragen, werden sie nicht als „Gesundheitsschädling" nach dem Infektionsschutzgesetz klassifiziert. Die Gesundheitsämter müssen also nicht aktiv werden.

Dessen ungeachtet haben Sie als Mieter einen Anspruch darauf, dass der Vermieter eine Bekämpfung der Taubenzecken vornimmt. Bis zur Lösung des Problems kann unter Umständen eine Mietminderung geltend gemacht werden. Dafür muss freilich ein erheblicher Befall nachgewiesen werden. Als Sofortmaßnahmen helfen nur Klebefallen – zum Beispiel doppelseitige Klebestreifen rund um das Bett, entlang von Tür- und Fensterritzen usw. Das ist nicht schön, verhindert aber, dass die Tierchen des Nachts zu Ihnen gelangen und Ihr Blut saugen.

✗ Ein Wespennest ist kein Spaß und kein Spielobjekt. Grundsätzlich verbietet das Bundesnaturschutzgesetz, Behausungen wild lebender Tiere ohne vernünftigen Grund zu zerstören oder zu beseitigen – dazu gehören nun einmal auch Wespennester. Ein vernünftiger Grund kann aber vorliegen, wenn der Abstand des Wespennests zu normalen menschlichen Aktivitäten zu gering ist, sodass von den Insekten eine akute Bedrohung ausgeht.

Was tun mit Wespennestern?

Manchmal ist die Abgrenzung zwischen Lästlingen und Schädlingen schwierig. Wespen, die bei ihrer Nahrungssuche den Menschen lästig fallen, können sich beim Nestbau durchaus als Bauschädlinge betätigen, indem sie organische Bauteile – Holz, Dämmstoffe und Ähnliches – regelrecht zersägen und für ihren Nestbau benutzen. Auch Ameisen können, wenn sie in Scharen ein- und über die Nahrungsmittelvorräte in der Küche herfallen, als Vorratsschädlinge auftreten.

Wespen verirren sich selten in die Wohnung – und wenn, dann im Herbst, wenn einige müde Arbeiterinnen einen Platz zum Überwintern suchen. Häufiger nerven Wespen auf dem Balkon oder im Garten. Dabei ist es gar nicht schwer, sich mit ihnen zu arrangieren. Was man auf keinen Fall tun sollte: Sie auf eigene Faust „bekämpfen"! Wespen gehen bei der Verteidigung ihres Nestes nicht gerade zartfühlend vor. Zu einem Wespennest sollte also immer ein Mindestabstand von etwa sechs Metern eingehalten werden. Ist das nicht möglich, sollte das Nest beseitigt oder umgesetzt werden. Lassen Sie das stets einen Fachmann machen. Werkeln Sie niemals selbst an einem Nest und stochern Sie erst recht nicht darin herum.

Bevor man die Nester zum Beispiel von seltenen Wespenarten und von Hornissen umsetzt oder beseitigt, muss die zuständige Naturschutzbehörde eingeschaltet werden. Um welche Wespenart es sich handelt, die unsere Nähe gesucht hat, sollten Fachleute bestimmen. Es ist ihr Job, die Insekten zu identifizieren und geeignete Maßnahmen einzuleiten. Sie können in der Regel die Nester entfernen, ohne sie zu beschädigen, und sie an einer passenden Stelle in freier Natur wieder absetzen. So behalten die Insekten ihr Zuhause und können sich weiter der Brutpflege widmen.

Menschen und Wespen im Garten

▶ Wenn Fallobst im Garten liegt, ist das für Wespen eine interessante Nahrungsquelle. In der Wespenzeit sollten Sie im

Garten Schuhe tragen, um nicht versehentlich auf eine Wespe zu treten.

▶ Essen Sie im Freien, sollten Speisen und Getränke abgedeckt werden. Bewährt hat sich auch eine Ablenkmahlzeit, die sie in einiger Entfernung aufbauen – Wespen lieben reife und überreife Trauben, aber sie schätzen auch ein Scheibchen Schinken sehr.

▶ Da sich Wespen gelegentlich in Getränkegläser verirren, sollte man einen Trinkhalm benutzen, um nicht versehentlich ein Insekt zu verschlucken.

▶ Kleinkindern sieht man manchmal deutlich an, dass es ihnen schmeckt. Was für die Eltern „niedlich" aussieht, lockt die Wespen an. Besser bei Mahlzeiten im Garten: Kleinkindern Mund und Hände mehrmals abwischen.

▶ Duftmischungen mit Nelken- oder Citronella-Öl sind bei Wespen nicht beliebt. Auch Tomate und Basilikum hat eine vergrämende Wirkung auf Wespen.

▶ Treffen Sie mit den Wespen am Gartentisch eine stillschweigende Abmachung: Sie schlagen nicht nach ihnen und die stechen Sie nicht. Die Wespen werden sich daran halten, wenn auch Sie sich daran halten.

▶ Markieren Sie die Stelle, an der sich das Wespennest befindet, mit einem Absperrband oder auf andere geeignete Weise, um zu verhindern, dass andere versehentlich der Brutstätte zu nahe kommen.

▶ Der Betrieb eines vibrationsstarken Rasenmähers sollte in unmittelbarer Nähe des Wespennests möglichst unterbleiben. Oder man fährt einen großen Bogen um das Nest – im Abstand von fünf bis sechs Metern.

→ Vermietersache

Mieter können die Entfernung eines Wespennests innerhalb einer angemessenen Frist verlangen, wenn zum Beispiel die Nutzung eines Balkons nicht mehr möglich oder stark eingeschränkt ist. Der Vermieter muss die Funktionalität und die Nutzbarkeit der Mietsache gewährleisten. Das heißt, die Kosten für die Beseitigung eines Wespennests muss er selbst (oder die Eigentümergemeinschaft) tragen und kann sie auch nicht auf die Mietnebenkosten umlegen. Geht von den Wespen eine unmittelbare Gefahr (zum Beispiel für Kinder) aus, darf der Mieter selbst die Feuerwehr oder einen Insektenbekämpfer beauftragen und die Kosten dafür dem Vermieter in Rechnung stellen.

Der Müll vor der Tür

Nicht nur auf dem Land, auch in stadtnahen Wohnzonen erscheinen Gäste im Hof und im Garten, die interessant finden, was wir wegwerfen.

In vielen Fällen sind es die Hausbewohner selbst, die durch ihr Handeln (oder Unterlassen) die Probleme auf sich ziehen. Es mag ja sein, dass ein Waschbär ganz putzig aussieht, wenn er auf den Mülltonnen herumturnt oder am Fallrohr hochklettert, um irgendwo in der Dachregion einen Zugang zum Haus zu finden. Ist er aber erst einmal drin und hat eine besonders schöne und besonders schwer zugängliche Stelle zur Bruthöhle auserkoren, wird man ihn kaum noch los. Da hilft dann auch kein Kammerjäger mehr, denn der Waschbär fällt unter das Jagdrecht, und der sogenannte Kammerjäger ist eben kein Jäger im Sinne des Gesetzes. Ein aufmerksames und bewusstes Verhalten, das ungebetene Gäste möglichst fernhält oder abschreckt, ist immer die Maßnahme erster Wahl, bevor das Kind in den Brunnen gefallen bzw. der Waschbär in den stillgelegten Kamin eingedrungen ist. Vor allem gilt: Alles vermeiden, was ungebetene Gäste anlocken könnte.

Gefährliche Nager

Die Hausmaus ist schon seit Jahrtausenden ein Kulturfolger des Menschen. Sie ist ein klassischer Vorratsschädling. Schon im alten Ägypten wurde die Maus zur Plage, sobald man dort Getreidevorräte anlegte. Der Maus folgte als natürlicher Feind wiederum die Katze. Das machte sich der Mensch zunutze und die Katze zu seinem Haustier. Bis in die Gegenwart galt die Katze als die Ultima Ratio der Mäusebekämpfung.

Übereinstimmend werden Mäuse als gefährliche Hygieneschädlinge bewertet. Von einer Bekämpfung mit ausgelegtem Gift wird abgeraten, erst recht, wenn Kinder und Haustiere die Wohnung mitbewohnen. Mit Lebendfallen und Schlagfallen lassen sich Mäuse zuverlässig bekämpfen.

Will man Mäuse in Lebendfallen fangen, um sie anschließend in der Natur auszusetzen, muss man – so kurios das vielleicht klingt – die Regeln des Tierschutzes beachten. Lebendfallen müssen außer dem attraktiven Köder, der die Maus anlockt, noch Futter, Wasser und Nistmaterial enthalten. Außerdem müssen die Mausefallen zweimal täglich kontrolliert werden.

Schlagfallen enthalten einen Köder, der für Mäuse attraktiv ist. Sobald die Maus nach dem Köder schnappt, löst sich die Ver-

Klassische Schlagfalle aus Holz gegen Mäuse (links)

Gesicherte Kellerfenster bieten Schutz gegen Ratten (rechts)

riegelung und der Schlagmechanismus trifft die Maus im Genick und tötet sie – im Idealfall. Tierschutzrechtlich ist eine tägliche Kontrolle der Fallen vorgeschrieben. Tiere, die verletzt in der Falle liegen, müssen sofort – und ohne ihnen zusätzliches Leiden zuzufügen – getötet werden.

Die Ratte ist der größte und am weitesten verbreitete Schadnager. Von den beiden bei uns häufigen Rattenarten ist die Hausratte (Rattus rattus) in und an Gebäuden, Tierställen und Getreidespeichern zu finden, die Wanderratte (Rattus norvegicus) überdies auch noch in Parkanlagen und in der Kanalisation. Viele Großstädte klagen über eine zunehmende Rattenplage.

Ratten sind hochintelligente Tiere. Sie lassen sich nicht leicht überlisten. Mit Lebendfallen kommt man ihnen kaum bei – wird eine gefangen, lernen die anderen sofort, was sie meiden müssen. Auch das klassische Rattengift wirkt nur einmal – beim Vorkoster. Der Rest der Gruppe ist dann vorgewarnt und meidet die Köder.

Folgende Schutzmaßnahmen können und sollten Sie gegen das Eindringen und die Ausbreitung von Ratten in Ihrem Haus ergreifen:

▶ **Türspalten sichern.** Alte Türen und Tore, die nicht vollkommen dicht schließen, sollten mit sogenannten Bürstenstreifen aus Kunstfasern oder Gummilippen ausgestattet werden.

▶ **Rollladenkästen** können für Ratten einen Durchschlupf bilden. Daher sollten die Durchlässe gesichert werden.

▶ **Aufzugsschächte** sind ein beliebter Aufenthaltsort und Durchgangsweg für Ratten. Auch in den Maschinenräumen der Aufzüge werden Ratten nur selten gestört. Hier sollten Ritzen, Spalten und Lücken möglichst geschlossen werden.

▶ **Kellerfenster** sollten durch Gitter oder andere zur Rattenabwehr taugliche Verblendungen gesichert sein.

▶ **Durchbrüche durch Wände und Decken** sollten nicht offen bleiben, sondern mit Steinwolle oder engmaschigem Maschendraht verschlossen werden. Zudem kann man Durchbrüche mit Zementmörtel abdichten oder mittels Manschetten sichern. Metallbleche

verlegen bei Durchbrüchen durch Holz-
wände und -decken den Ratten den Weg.

▸ **Toiletten** sind kein Hindernis für Ratten, die aus der Kanalisation ins Haus
wollen. Durch den Einbau von Rückstauklappen in die Abflusssysteme kann das
Eindringen von Ratten aber verhindert
werden.

▸ **Speise- und Nahrungsmittelreste**
gehören nicht in die Toilette oder den
Ausguss – auch Nudeln oder Kohlsuppe
nicht. Sie dienen den Ratten in der Kanalisation als Nahrung und als Wegwei-
ser. Überdies verursachen Sie Fäulnis-
prozesse in den Abflussrohren und
setzen sie langsam zu.

▸ **Komposthaufen und Biotonnen**
sind ein reich gedeckter Tisch für Ratten. Essensabfälle gehören nicht auf den
Kompost. Biotonnen sollten immer fest
geschlossen sein. Müll- und Wertstoff-
tonnen ebenfalls, denn oft locken Lebensmittelreste im Hausmüll Ratten an.
Müll- und Wertstoffsäcke sollten nicht
tagelang vor der Abholung auf der Straße stehen.

▸ **Haustierfutter** ist, wenn es offen steht,
nicht nur für Hund und Katze einfach
zugänglich, sondern auch eine Einla-
dung an die Nager, die sie gerne anneh-
men werden.

Haben alle Sicherungs- und Abschreckungs-
maßnahmen nichts geholfen, muss der
Kammerjäger ran. Rattensichtungen in
Gebäuden sollten sofort den Gesundheitsbehörden gemeldet werden. In Berlin sind
die Bürger sogar dazu verpflichtet. Nähere
Informationen kann man sich über die bun-
desweit einheitliche Behördenrufnummer
115 in jeder Kommune oder Kreisverwaltung
holen.

Und der Fuchs?

Ja, auch der Fuchs ist wieder in der Stadt.
Am Kollwitzplatz mitten in Berlin trabt er
über die Straßen, als gehöre ihm das Revier.
Vielleicht gehörte es ja auch mal seinen Vor-
fahren, lange bevor hier Stadt war. In Pots-
dam hat er sich im Regierungsbezirk nieder-
gelassen; der Potsdamer Regierungsfuchs
ist ein beliebtes Fotomotiv der Landesbe-
diensteten und ihrer Gäste. Überall treiben
Füchse ihr Wesen in den Vorgärten der
Stadtrandsiedlungen. Die Tiere meiden den
direkten Kontakt zum Menschen. Und das
ist auch gut so, denn als möglicher Parasi-
tenwirt ist der Fuchs nicht zu unterschätzen. Oft macht er sich aber richtig nützlich
im Vorgarten: Denn wo sich ein Fuchs
herumtreibt, bleiben Ratten besser in De-
ckung.

Auch wenn der Fuchs nicht mehr als Toll-
wutüberträger infrage kommt – Deutschland gilt seit 2008 als tollwutfrei – und der
Fuchsbandwurm hauptsächlich im schwei-
zerischen Thurgau und auf der Schwäbi-
schen Alb zum Problem werden kann:
Vorsicht und Beachtung elementarer Hygiene sind dennoch geboten.

Sanieren und Renovieren

Viele Verbesserungen und Veränderungen, die das Wohnen betreffen, erreicht man nicht bei laufendem Betrieb, sondern man nutzt dafür den Anlass einer Sanierung oder Renovierung.

Sanierungen, wo sie denn nötig werden, sind in der Regel der schwerere Fall, und sie bleiben meistens auch den Profis vorbehalten. Schon im Namen schwingt Bedeutendes mit: Das Haus, die Bauteile oder was immer betroffen ist, sollen wieder gesunden. Da muss der Arzt ran, eine Art Hausarzt, also ein Arzt für das Haus.

Renovierungsarbeiten, für die es natürlich auch Profis gibt, sind oft eine Domäne des Heimwerkers. Auch kleinere Umbauarbeiten will der Eigentümer oft nicht anderen überlassen – schließlich weiß man ja selber am besten, wie man es haben will.

Allerdings ist bei Umbau, Renovierung und Sanierung Vorsicht geboten, umso mehr, wenn sie in Eigenleistung erbracht werden: Es ist nicht ausgeschlossen, dass man dabei auf belastetes Material stößt.

Bauprodukte können unterschiedlichste umwelt- und gesundheitsgefährdende Stoffe enthalten. Sie kommen zum Beispiel als Lösemittel in Lacken und Klebern, als Biozide für Fassaden, als Weichmacher in Kunststoffen, als Bindemittel oder als Flammschutzmittel in Boden- und Wandbelägen zum Einsatz. Auch Kunststoffe und Holzwerkstoffe, mineralische Baustoffe und Dachdeckungsmaterialien können unerwünschte Bestandteile enthalten. Über das Recycling können auch bereits verbotene Stoffe wieder beigemischt worden sein.

Eine Reihe von Baumaterialien zeichnet sich durch gewissermaßen klassische Verbindungen mit bekannten Schadstoffen aus. Besonders häufig treten die folgenden Kombinationen auf:

▶ Holzwerkstoffe: Formaldehyd, Terpene, Aldehyde, Holzschutzmittel wie PCP, Lindan, Pyrethroide, Chlornapthtaline
▶ Fugenmassen: PCB
▶ Estriche: Asbest
▶ Wärmedämmstoffe: KMF
▶ Bodenbeläge: Asbest, Naphthalin, Styrol, Nitrosamine
▶ Farben, Lacke: Glykole, Glykolether
▶ Klebstoffe: Ethylhexanol, Phenole, PAK
▶ Bodenbeschichtungen: Benzylalkohol

Sie haben das Recht, eine Auskunft zu erhalten, ob in Bauprodukten besonders besorgniserregende Stoffe in Anteilen über 0,1 Prozent enthalten sind. Bei Ihren Anfragen können Sie sich auf Art. 33 Abs. 2 der REACH-Verordnung (Registration, Evaluation, Authorisation and Restriction of Chemicals) berufen. Seit 1. Juli 2013 muss diese Information sogar alle Bauprodukte mit CE-Kennzeichnung aktiv begleiten.

Als besonders besorgniserregend gelten Stoffe, die die Kriterien des Art. 57 der REACH-Verordnung erfüllen. Dazu zählen:

▶ Stoffe mit kanzerogenen, mutagenen, reproduktionsschädigenden Eigenschaften
▶ Stoffe, die nach den Kriterien des Anhang XIII als persistent (sie verbleiben lange in der Umwelt und werden nur schwer oder gar nicht abgebaut), bioakkumulierend (sie reichern sich auch in Organismen an) und toxisch bewertet werden (sogenannte PBT-Stoffe), bei denen Eintrag in die Umwelt und mögliche Auswirkungen auf die menschliche Gesundheit zeitlich entkoppelt sind
▶ Stoffe, die nach den Kriterien des Anhang XIII als sehr persistent und sehr bioakkumulierend (very persistent/very bioaccumulative) bewertet werden (sogenannte vPvB-Stoffe)
▶ Stoffe mit gleichermaßen besorgniserregenden Eigenschaften, zum Beispiel mit endokrinen Eigenschaften, oder Stoffe, die nicht PBT/vPvB-Kriterien erfüllen, aber persistent, bioakkumulierbar und toxisch sind und schwerwiegende und irreversible Wirkungen auf Mensch oder Umwelt zeigen

→ Ihr Auskunftsrecht

Das Auskunftsrecht für Verbraucher ist ausführlich dargestellt und mit einem Onlineformular für Anfragen versehen auf: www.reach-info.de/auskunftsrecht.htm

„Die konkrete Gefahr ist entscheidend"

Rechtsanwälte Dita Kemrová und **Olaf Gratzke** über Fußbodensanierung in der Mietwohnung

Wenn der Mieter feststellt, dass der Laminatboden im Kinderzimmer vielleicht doch nicht der letzte Schrei ist und ein ökologischer Korkboden dem Kind im Krabbelalter besser bekäme, muss dann der Vermieter den Boden austauschen? Oder muss er dem Mieter gestatten, auf eigene Rechnung einen anderen Fußboden zu verlegen?
Dita Kemrová: Wenn das Laminat schon lag, dann hat der Mieter das auch mit Laminat angemietet. Nur wenn das Laminat mangelhaft ist, wenn konkrete Umweltgifte austreten – dann müsste festgestellt werden, ob Grenzwerte überschritten werden. Wenn ein Gutachten vorliegt, das feststellt, dass Grenzwerte überschritten werden, dann liegt ein Mangel vor und der Vermieter muss handeln. Aber auch dann steht es ihm frei, wie er den Mangel beseitigt, das heißt er muss nicht den vom Mieter gewünschten Korkboden verlegen, sondern er kann auch einen anderen Laminatboden wählen, der die Grenzwerte einhält. Der Mieter kann nicht von sich aus alles rausreißen und neu-

en Fußboden verlegen, das wäre ein weitreichender Eingriff in die Bausubstanz.

Olaf Gratzke: Jenseits dieses eben angesprochenen Falles gibt es ja auch die Möglichkeit, dass man einen Laminatboden oder eben Korkparkett auf dem vorhandenen Fußboden verlegen will. Wird dieser Boden schwimmend verlegt, hat er keinen festen baulichen Kontakt zum Untergrund oder zu den Wänden. Das ist dann im eigentlichen Sinn kein Einbau; der Boden kann auch rückstandslos wieder entfernt werden.

Als Mieter muss man auch bedenken: Wenn man in ein altes Gebäude einzieht, dann gibt es dort auch Gerüche, mit denen man leben muss, wenn man Altbauten liebt. Etwas anders ist es, wenn bestimmte, sehr starke Gerüche sich ausbreiten, beispielsweise nach Buttersäure, die ekelerregend sind und das Wohnen unmöglich machen.

Dita Kemrová: Das ist wieder ein Mangel, bei dem der Vermieter tätig werden muss.

Olaf Gratzke: Und bei einer Gesundheitsgefährdung auf jeden Fall.

Dita Kemrová: Aber allein das Gefühl, da könnte etwas sein, reicht noch nicht. Die konkrete Gefahr ist entscheidend. – Ein Mieter sollte auch nicht vergessen: Wenn er in einen Altbau von 1910 einzieht, an dem noch keine umfassenden Modernisierungsmaßnahmen durchgeführt wurden, kann er nicht erwarten, dass der Vermieter die technischen Standards gewährleistet, die 2010 gelten. Da gilt das Regelwerk, das zum Zeitpunkt der Entstehung des Bauwerks bestand. Das betrifft zum Beispiel oft den Schallschutz.

Olaf Gratzke: Es könnte durchaus sein, dass Sie das Berliner Zimmer so, wie es ein Mieter in einem Altbau vorfindet, heute gar nicht mehr bauen dürfen. Aber der Mieter, der in einen Altbau eingezogen ist, kann sich nicht auf die Standards berufen, die für einen Neubau gelten. Selbst wenn die Miete höher sein sollte als in einem Neubau: Die Miethöhe richtet sich nicht allein nach der Bausubstanz, sondern vor allem nach der Lage und der Nachfrage.

Es gibt ja nun auch Menschen, die sich darüber beschweren, dass der Fußbodenbelag riecht. Die brauchten sich doch eigentlich über Schadstoffe im Boden keine Gedanken zu machen, wenn Sie täglich ein Vielfaches an Schadstoffen via Zigarette zu sich nehmen?
Olaf Gratzke: Der Vermieter kann aber die Zigaretten, die der Mieter raucht, nicht gegen den Fußbodenbelag aufrechnen.

Dita Kemrová: Rauchen gehört zur vertragsgemäßen Nutzung der Wohnung. Aber sobald die Emission eines Fußbodenbelags die festgesetzten Grenzwerte überschreitet, kann auch ein Kettenraucher verlangen, dass der Boden ausgetauscht wird. Für Fußböden gibt es Grenzwerte, für das Rauchen des Mieters nicht.

Problemstoffe – meist alte Bekannte

Baustoffe und Hilfsstoffe, vor denen Sie sich in Acht nehmen sollten, können natürlicher oder synthetischer Herkunft sein.

Sie sind zum Teil schon lange außer Gebrauch und außer Verkehr, was aber nicht ausschließt, dass sie in bestimmten Bauteilen noch vorhanden sind. Und wenn Erben oder Neuerwerber eines Grundstücks im Keller einen Blechkanister mit einem Holzschutzmittel finden, das noch absolut frisch riecht, kann man das doch noch wunderbar auf dem frisch gesetzten Jägerzaun verstreichen. Oder etwa nicht?

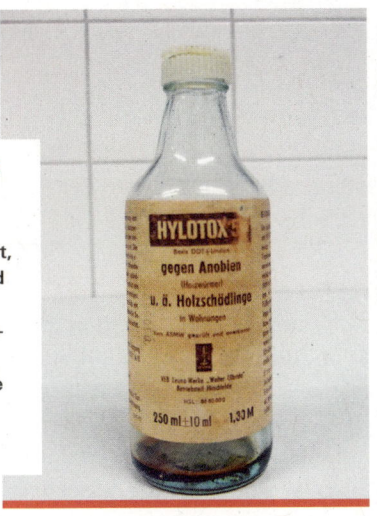

Holzschutz mit Risiko

Hylotox 59, in der DDR gern eingesetzt, enthält mit DDT und Lindan gleich zwei heute geächtete Gefahrenstoffe (links). Mit DDT behandelte Holzoberfläche (rechts)

Carbolineum

Das Mittel präsentiert sich als braunrote, ölige, wasserunlösliche und brennbare Flüssigkeit mit einem deutlich an Teer erinnernden Geruch. Carbolineum ist teuflisch gut – die Holzschutzwirkung wird bis heute von keiner Chemikalie übertroffen – und teuflisch gefährlich: Es hinterlässt nicht nur hässliche Flecken auf der Haut, es wirkt stark reizend, fördert Akne und Furunkulosen und wirkt bei chronischer Einwirkung auf die Haut krebserregend.

Die Dämpfe sind schwerer als Luft, können sich also in Mulden und Gräben in hoher Konzentration sammeln. Die Folgen reichen von Reizung der Schleimhäute bis hin zu Schädigungen des Zentralnervensystems einschließlich Bewusstseinsstörungen bis hin zum Koma. Die Verwendung ist in Deutschland stark eingeschränkt bzw. verboten etwa in Innenräumen oder in der Nähe von Kindereinrichtungen). Nur für erdberührte Bauteile oder tragende Elemente aus Holz, für die sich keine andere konstruktive und holzschützende Lösung findet, darf es noch verwendet werden.

Dichlordiphenyltrichlorethan (DDT)

wurde ebenfalls als Insektizid eingesetzt. Es ist giftig beim Verschlucken, steht im Verdacht, Krebs zu erzeugen und ist mit langfristiger Wirkung sehr giftig für Wasserorganismen. In der Bundesrepublik Deutschland wurde der Einsatz von DDT 1974 verboten, in der DDR wurde es im Baubereich über das Jahr 1989 hinaus eingesetzt (übergangsweise bis zum 30. Juni 1991). Es war unter anderem in den Holzschutzmitteln Hylotox 59 (ausdrücklich für Anwendungen in Wohnungen zum Schutz vor Holzwürmern empfohlen) und Hylotox IP enthalten. DDT gilt heute generell als Gebäudeschadstoff.

Lindan

Das Mittel, chemisch Gammahexachlorcyclohexan oder Gammahexan – wurde bis Mitte der 1980er-Jahre in Deutschland (in der DDR bis 1990) als Insektizid ebenso wie in Holzschutzmitteln eingesetzt, außen wie innen.

Es ist giftig beim Verschlucken, gesundheitsgefährdend beim Einatmen und bei

---

ⓘ **Das dreckige Dutzend**
Die Insektizide Aldrin, Clordan, Dieldrin, Dichlordiphenyltrichlorethan (DDT), Endrin, Heptachlor, Mirex und Toxaphen, das Fungizid und Getreidetrockenbeizmittel Hexachlorbenzol (HCB), die Industriechemikalien der Gruppe Polychlorierte Biphenyle (PCB) sowie die Polychlorierten Dibenzodioxine (PCDD, Dioxine) und Dibenzofurane (PCDF, Furane), die als Nebenprodukte von Verbrennungsprozessen anfallen, wurden von der Stockholmer Konvention vom 22. Mai 2001 als die gefährlichsten, weil langlebigsten und lange in der Umwelt verbleibenden organischen Gifte geächtet.

Hautkontakt und wirkt vor allem schädigend auf Nerven und Leber. Holzbauteile, die mit Lindan behandelt wurden, gelten heute als äußerst problematisch. Lindan wird besonders bei Bestandsgebäuden noch häufig vorgefunden. Das Landesamt für Gesundheit und Soziales in Mecklenburg-Vorpommern hat 2015 ein Informationsblatt zu DDT und Lindan in Innenräumen herausgebracht.

Fluorchlorkohlenwasserstoffe (FCKW)

wurden früher als Treibmittel in Dämmstoffen eingesetzt. Diese besonderen Kohlenwasserstoffe gehören zu den bekanntesten und schädlichsten Treibhausgasen und Ozonkillern. Wegen ihrer Schädlichkeit ist die Verwendung von FCKW in Dämmstoffen seit 1990 verboten. Neuere PUR/PIR oder XPS-Dämmstoffe enthalten keine FCKW mehr.

Formaldehyd

Formaldehyd ist farblos und bei Zimmertemperatur gasförmig. Der stechende Geruch ist noch bei kleinsten Konzentrationen wahrnehmbar. Zeitweilig wurde Formaldeyd vernachlässigt. In jüngster Zeit wird aufgrund von WHO-Studien wieder kritischer auf das Produkt geblickt. Das Bundesamt für Risikobewertung stellte 2006 fest, die krebserzeugende Wirkung von Formaldehyd bei Aufnahme aus der Raumluft sei hinreichend belegt, namentlich in Bezug auf Tumore der oberen Atemwege.

Holzwerkstoffe, Bodenbeläge, Möbel (besonders bestimmte Sperrholzteile und Möbelplatten gerieten aufgrund der verwendeten Kleber ins Zwielicht) und bestimmte Dämmstoffe, etwa Harnstoff (Urea)-Formaldehyd-Ortschäume, gelten nach Einschätzung des Umweltbundesamts auch weiterhin als Hauptquellen des Eintrags von Formaldehyd.

Pentachlorphenol (PCP)

Pentachlorphenol (PCP) verhindert als Fungizid den Pilzbefall von organischem Material wie Holz. Es ist giftig beim Verschlucken und bei Hautkontakt, zudem lebensgefährlich beim Einatmen. Es steht im Verdacht, Krebs zu erzeugen, und ist mit langfristiger Wirkung sehr giftig für Wasserorganismen. Im Organismus stört es die Atmungskette, löst Bluthochdruck aus. Bis zu seinem Verbot 1989 war es das am häufigsten eingesetzte Holzschutzmittel – vor allen in Außenbereichen. PCP ist besonders in den oberen Schichten behandelter Hölzer in hohen Konzentrationen nachzuweisen. Aufgrund seiner langen Verweildauer im Holz bleibt es in den Bauteilen dauerhaft erhalten. Erschwerend kommt hinzu, dass der Stoff produktionsbedingt häufig mit Dioxinen verunreinigt ist, was seine Schädlichkeit noch verstärkt. PCP wurde aber in den 1960er- und 1970er-Jahren auch in Innenräumen eingesetzt. Das Bundesinstitut für gesundheitlichen Verbraucherschutz und Veterinärmedizin (BGVV) schätzt, dass seinerzeit 90 Prozent der Haushalte solche Holzschutzmittel verwendet haben.

Die Risikobewertung zu PCP ist uneinheitlich. Direkt toxische Wirkungen entfalten sich erst bei sehr hohen Konzentrationen, die im privaten Haushalt wohl nie erreicht werden. Die krebserregende Wirkung des PCP ist allerdings im Tierversuch zweifelsfrei nachgewiesen. Das BGVV hat aufgrund eigener Berechnungen und Risikoabschätzungen einen Vorsorgerichtwert von 1 µg/m³ Raumluft festgelegt.

Polychlorierte Biphenyle – PCB

Polychlorierte Biphenyle (PCB) gehören zu den chlorierten Kohlenwasserstoffen. Sie wurden in Lacken, Dichtungsmassen, Isoliermitteln und als Weichmacher in Kunststoffen eingesetzt, häufig auch in der Elektrotechnik. Zwischen etwa 1955 und 1975 wurden dauerelastische Dichtmassen sehr geschätzt.

Die Stoffe sind giftig und krebserregend. Ihre akute Toxizität ist gering, dafür wirken schon geringe Mengen chronisch. Folgen sind etwa Chlorakne, Haarausfall, Leberschäden, Schwächung des Immunsystems – und beim Mann die Störung der Fortpflanzungsfähigkeit. In Deutschland wurden sie bis ca. 1973 hergestellt; seit den 1990er-Jahren ist der Einsatz in der EU verboten.

Polychlorierte Biphenyle stehen auf der Liste des „dreckigen Dutzend", der weltweit gefährlichsten organischen Giftstoffe, die durch die Stockholmer Konvention vom 22. Mai 2001 weltweit geächtet wurden.

Polyzyklische aromatische Kohlenwasserstoffe – PAK

PAK stellen eine Stoffgruppe organischer Verbindungen dar, die chemisch aus mindestens zwei verbundenen aromatischen Ringsystemen bestehen. Der einfachste PAK ist Naphthalin, ein Feststoff, der als Bestandteil von Mottenpulver berühmt ge-

Wie erkennt man Bleileitungen?

Beginnen Sie bei der Wasseruhr im Keller und überprüfen Sie alle sichtbaren Wasserleitungen auf folgende Merkmale:

☐ Verbindungen von Bleileitungen sind immer gelötet. Geschraubte Verbindungen zwischen Bleileitungen gibt es nicht.

☐ Blei klingt beim Anklopfen mit einem metallischen Gegenstand dumpf.

☐ Blei lässt sich leicht einritzen; der entstandene Ritz glänzt metallisch hell.

☐ Bleileitungen sind im ungestrichenen Zustand grau.

☐ Bleirohre sind oft in weiten Bögen verlegt, weil Blei ein weiches Material ist; Winkelstücke aus Blei gibt es nicht.

☐ Bleirohre können durch einen leichten Schlag mit einem harten Gegenstand eingedrückt werden.

worden ist. Viele PAK sind nachweislich krebserregend, weil sie direkt die DNA der Zellen angreifen können.

PAK sind natürliche Bestandteile von Kohle und Erdöl. Teer, der bei der Verkokung von Steinkohle anfällt, enthält hohe Anteile an PAK. Wegen der Toxizität ist seine Anwendung im Straßenbau und als Isoliermaterial im Bauwesen und zum Behandeln von Dachpappe seit 1970 verboten. Bis dahin wurden Produkte, die mit Steinkohleteer behandelt waren, allerdings häufig verwendet. Mit ihrem Vorkommen in der häuslichen Umgebung muss also gerechnet werden.

Metalle, Schwermetalle, Halbmetalle

Schwermetalle begegnen uns einerseits in Form kompakter Metallgegenstände (Bleirohr, Autobatterien), andererseits aber auch als Verbrennungsrückstände in der Atemluft. Der Brennstoffeinsatz in der Energiewirtschaft bildet bei Kadmium, Chrom, Quecksilber und Nickel die wichtigste Quelle für die Belastung der Luft. Blei, Kupfer und Zink werden überwiegend beim Abrieb von Bremsen und Reifen im Straßenverkehr emittiert. Auch die Halbmetalle Arsen und Selen werden von der Energiewirtschaft freigesetzt. Die Metallurgie ist ebenfalls an den Emissionen beteiligt.

Die Schwermetallemissionen sind seit 1990 rückläufig. Die gemessenen Werte weisen Reduktionen von 70 bis 90 Prozent aus.

Tückische Fasern
Asbestfasern sehen eigentlich ganz harmlos aus, können aber schädliche Langzeitfolgen auslösen.

Ein guter alter Bekannter aus dem 19. Jahrhundert ist das Bleirohr, das noch hin und wieder in alten Gebäuden angetroffen wird. Bis in die 1970er-Jahre wurden Bleirohre verbaut, erst seit 1973 sind sie für Wasserleitungen verboten. Blei ist als Nerven- und Blutgift gefährlich, besonders für Ungeborene, Säuglinge und Kleinkinder; schon sehr geringe Mengen beeinträchtigen die Blutbildung und Intelligenzentwicklung. Bei Erwachsenen kann sich Blei in den Knochen einlagern.

Vermieter müssen Mieter informieren, falls im Gebäude noch bleierne Leitungen vorhanden sind. Und sie müssen diese Leitungen umgehend entfernen und ersetzen.

Ein anderer Bleikandidat begegnet uns möglicherweise an alten Fensterflügeln: Bleiweiß. Dieser Stoff, ein Bleicarbonat, ist seit Jahrhunderten ein wichtiges Weißpigment. Und es ist zugleich eines der gefährlichsten Gifte. Es ließ sich gut verarbeiten, trocknete gut und diente sowohl als Künstlerfarbe als auch als Anstrichfarbe beim Bau und im Haushalt.

Schon im 12. Jahrhundert war bekannt, dass Personen, die Bleiweiß herstellten, häufig an Lähmungen, Schlaganfall, Fallsucht und Gelenkerkrankungen litten. Vergleichbare Krankheitsbilder wurden in den folgenden Jahrhunderten immer wieder beschrieben. Als Farbe auf Fensterrahmen hält Bleiweiß zwar relativ lange, wird aber irgendwann zum Entsorgungsproblem. Nach der EU-Chemikalienverordnung REACH ist Bleiweiß als besonders besorgniserregend und als fortpflanzungsgefährdend eingestuft worden.

Asbest

Asbest gilt als hoch gefährlicher Stoff. Er gehört zu den beliebtesten und am weitesten verbreiteten Baustoffen aus der zweiten Hälfte des 20. Jahrhunderts. Experten gehen davon aus, dass in jedem zwischen 1960 und 1990 errichteten, umgebauten oder

Hier ist Vorsicht geboten.
Asbesthaltige Eternit-platten an einer Gebäu-defassade. Problema-tisch wird es, wenn Teile beschädigt werden.

sanierten Gebäude auch Asbest verbaut ist. Zu dieser Zeit war Asbest in rund 3 000 Produkten zu unterschiedlichen Anteilen enthalten. Seit 2005 ist es in der EU wie in den meisten Industrieländern verboten, asbesthaltige Produkte herzustellen, zu verbreiten oder zu verwenden.

Asbest ist feuerbeständig und chemikalienresistent, feuchtigkeitsabweisend und verschleißarm. Aufgrund seiner Elastizität lässt es sich gut verarbeiten. „Asbestos" bedeutet im Griechischen so viel wie unvergänglich, unzerstörbar. Das Unzerstörbare aber vermag zu zerstören – vor allem das menschliche Lungengewebe. Das Tückische am Asbest: Krebserkrankungen zeigen sich oft erst nach langer Zeit – 25 bis 40 Jahre nach der Exposition mit Asbeststäuben oder Asbestfasern.

Seit 1970 ist die Asbestfaser als eindeutig krebserregend klassifiziert. Aber bis zum endgültigen Verbot ist Asbest in vielen langlebigen Bauprodukten verarbeitet oder bei-gemischt worden. Diese Produkte existieren noch, die Bauteile stehen und funktionieren. Welche Gefahren gehen davon aus?

Grundsätzlich kann man sagen: Es lebt sich unter einem Dach aus Wellasbest nicht gefährlicher als unter einem anderen Dach. Die größte Gefahr ist nicht, dass der Asbest da ist, sondern dass man vergisst, dass er da ist. Diese Gefahr wächst, je länger das Asbestverbot zurückliegt und je mehr der Gefahrstoff aus unserem Bewusstsein verschwindet.

Asbest begegnet uns in unterschiedlichen Bauprodukten.

Schwach gebundener Asbest: Der Asbestanteil beträgt hier meist über 60 Prozent; die Dichte liegt unter 1 000 kg/m³. Problematisch sind vor allem Produkte wie Spritzasbest, der häufig als Brandschutz auf tragende Stahlkonstruktionen aufgetragen wurde. Die Asbestfasern können durch mechanische Erschütterung und Alterung leicht freigesetzt werden.

Auch in asbesthaltigen Putzen, Leichtbauplatten (Decken- und Wandplatten, Auskleidung von Heizkörpernischen) ist oft schwach gebundener Asbest zu finden. Vinyl-Bodenbeläge (sogenannte Cushion-Vinyl-Beläge) können eine Asbest-Trägerpappe haben, die zu 90 Prozent aus schwach gebundenem Asbest besteht. Selbst für Fachleute sind diese alten Beläge heute schwer zu identifizieren, sie können auf den ersten Blick leicht mit den Jutefilz-Unterseiten asbestfreier Beläge verwechselt werden. Und darum ist die Anamnese so wichtig: Was kann mir das Gebäude erzählen? Was sagt das Alter des Bauteils über seine mögliche Beschaffenheit?

Aber auch in alten Elektrogeräten und -installationen ist schwach gebundener Asbest zu vermuten. Isolation und Brandschutz waren die Hauptgründe für den Einsatz des Stoffs. Und daraus kann man die Faustregel ableiten:

→ Asbest in Elektrogeräten

Erzeugen Elektrogeräte besondere Hitze und/oder sind besonderer Hitze ausgesetzt und besitzen zudem ein entsprechendes Alter (hergestellt zwischen 1950 und 1990), dann liegt die Vermutung nahe, dass sie auch Asbest enthalten können.

Fest gebundener Asbest ist weniger problematisch. Zum Beispiel geht von Asbestzement keine unmittelbare Gefahr aus, solange man ihn in Ruhe lässt. Im Asbestzement ist der Asbest bei einem Anteil von 10 bis 15 Prozent und einer Dichte von mindestens 1400 kg/m³ fest gebunden. Er wurde in Produkten wie Dach- und Wellplatten, Rohren

---

ⓘ Asbesthaltige Baustoffe können bei Neubauten nach 1995 im Grunde ausgeschlossen werden. Ausnahme: Es handelt sich um einen Rekonstruktionsbau unter Verwendung von Teilen des alten Baukörpers. Bei Bauten aus den Jahren von 1990 bis 1995 ist höchstwahrscheinlich ebenfalls nicht mit Asbestbelastungen zu rechnen. Bei Bauten, die zwischen 1950 und 1990 errichtet wurden, muss man immer von Asbestbelastungen ausgehen. Wenn die Aktenlage keine Angaben dazu enthält, sollte man vorsichtig und unter Atemschutzvorkehrungen eine Probe der verdächtigen Stelle nehmen. Unter dem Stichwort „Asbestsanierung" findet man im Internet zahlreiche zertifizierte Fachbetriebe, die Ihre Probe beurteilen können. Ansonsten helfen die kommunalen Gesundheitsämter weiter.

und Kabelkanälen eingesetzt, aber auch für freistehende Formteile wie Blumenkästen, Gartenplastiken und Gartenmöbel verwendet.

Gefährlich sind unbedachte Eingriffe in und Angriffe auf Bauteile aus Asbestzement, insbesondere bei Arbeitsverfahren, bei denen der Asbestzement zerstört oder mechanisch bearbeitet wird oder bei denen Abrieb entsteht.

Asbesthaltige Spachtelmassen, asbesthaltige Putze, insbesondere Putze, bei denen eine besondere Reißfestigkeit erwartet wurde (in Heizungsnischen, Fensterlaibungen und an Türanschlüssen), aber auch Flächenspachtel (zum Beispiel auf Beton) können mit Asbest belastet sein. Der Gesamtverband Schadstoffsanierung schätzt, „dass die relativ unauffälligen asbesthaltigen Spachtelmassen oder Fliesenkleber in ungefähr einem Viertel der vor 1995 errichteten Gebäude vorhanden sind". Von dieser potenziellen Gefährdung sind professionelle Handwerker ebenso wie Heimwerker und Gelegenheitsbastler betroffen.

Noch 30 Jahre nach dem Asbestverbot (1993) starben in der Bundesrepublik Deutschland im Jahr 2012 mehr als 1500 Menschen an den Folgen einer schweren asbestbedingten Erkrankung, wie aus einer Mitteilung der Bundesanstalt für Arbeitsschutz und Arbeitsmedizin (BAuA) hervorgeht. Insgesamt starben von 1994 bis 2012 über 26 000 Menschen an den Asbestfolgen. 2016 warnte die BAuA, dass sich noch immer etwa 80 Prozent der ursprünglich einmal verwendeten asbesthaltigen Bauteile im gegenwärtigen Gebäudebestand befinden.

Die wichtigsten Expositionspfade für mögliche Belastungen mit Asbest sind:

▶ **Cushion-Vinyl-Fußbodenbelag.** Eine PVC-Bahnenware, die auf der Oberseite wie normaler PVC-Boden aussieht und auf der Unterseite eine dünne „Pappschicht" hat, die zu annähernd 100 Prozent aus Asbest besteht. Die Fasern sind nur schwach gebunden und können relativ leicht als feiner Staub in die Luft gelangen.

▶ **Cushion-Vinyl-Wandbelag.** Cushion-Vinyl-Produkte wurden auch an die Wände geklebt.

▶ **Flexplatten.** PVC-Fliesen in quadratischen Format enthielten früher oft etwa 15 Prozent Asbest. Die Fasern sind im PVC fest eingebunden, aber bei stärkerer Abnutzung können sie freigesetzt werden. Auch Kleber können Asbest enthalten. Vorsicht bei „Asbesthartfliesen" auf Bitumen- oder Asphaltbasis.

▶ **Heizkörperverkleidungen.** Asbesthaltige Pappen wurden unter Fensterbrettern und hinter Verkleidungen von Heizkörpern aufgeklebt oder lose befestigt.

▶ **Hitzeschutz.** Hinter Öfen und Heizungen oder zur Auskleidung von Kochnischen sind früher hitzebeständige Pappen mit hohem Asbestgehalt angebracht worden. Nach langer Zeit können sie auch übertapeziert sein und kommen erst beim Entfernen mehrerer Tapetenlagen zum Vorschein.

▶ **Schweißpappen.** Dicke graue Asbestpappen dienten beim Löten und Schweißen als Schutzabdeckung. Sie sind in manchen Hobbykellern und Garagenwerkstätten noch immer zu finden. Auch Hitzeschutzgitter für Bunsenbrenner enthielten früher Asbest.

▶ **Isolation.** Asbestpappen dienten als Unterlage für Lampen und elektrische Geräte. Asbestfasern sind hier meistens nur schwach gebunden.

▶ **Öfen und Kamine.** In den Dichtungsschnüren alter Ofentüren war ein hoher Asbestanteil.

▶ **Wand- und Deckenplatten.** Asbesthaltige Leichtbauplatten waren als Wandverkleidung beliebt. Leichtbauplatten kamen als Brandschutz in Wänden oder in Lüftungskanälen oder als Deckenplatten über Leuchtstoffröhren vor.

▶ **Nasszellen.** Wegen ihrer Feuchtigkeitsbeständigkeit wurden Asbestplatten auch in vorgefertigten Sanitär- und Nasszellen verbaut.

▶ **Putz, Spachtelmasse, Fliesenkleber.** Die Asbestanteile in diesen Bauprodukten lagen zwar meistens bei unter 1 Prozent, aber heute kann bei unbedachtem Abschlagen, bei Schleif- oder Bohrarbeiten die Raumluft mit starken Faserkonzentrationen kontaminiert werden.

▶ **Asbestzement.** Hersteller von Faserzement haben von Blumenkästen über Abwasserrohre bis zu Fensterbrettern mannigfaltige Produkte angeboten. Die typischen Dachplatten aus Wellasbestzement und die kleinen Platten an den Fassaden trifft man am häufigsten an.

▶ **Elektro-Speicherheizgeräte.** Sie enthielten früher ebenfalls asbesthaltige Bauteile. Bei alten Geräten sollte der Hersteller oder der Energieversorgungsbetrieb zu Risiken befragt werden.

▶ **Uralt-Elektrogeräte.** Vor 1983 produzierte Geräte sollte man nicht mehr benutzen, auch wenn sie noch funktionieren.

→ **Asbest nie selbst entsorgen**

Grundsätzlich dürfen Asbestprodukte nur von Fachfirmen entfernt werden. Heimwerkern ist die Selbstentsorgung verboten. Für diese Arbeiten gelten strenge Schutzmaßnahmen entsprechend der Gefahrstoffverordnung und der Technischen Regel TRGS 519. Die Mitarbeiter, die solche Arbeiten ausführen dürfen, sind speziell geschult und zertifiziert. Daran sollte man sich auch im Umgang mit Bauteilen aus Asbestzement halten. Es ist grober Leichtsinn und gefährdet nicht nur die eigene Gesundheit, wenn Hauseigentümer asbesthaltige Bauteile selbst entfernen.

Kein Asbest
Beim Verarbeiten von Steinwollmatten als Dämmstoff empfehlen wir, vorsichtshalber einen Atemschutz gegen umherfliegende Fasern zu tragen.

Was muss man tun, wenn man mit Asbest in Kontakt gekommen ist? Wichtig ist vor allem, nicht in Panik zu geraten. Denn: Bei einer einmaligen und kurzzeitigen Asbestexposition ist das Erkrankungsrisiko äußerst gering und in keiner Weise mit den Risiken zu vergleichen, unter denen Asbestverarbeiter mit jahrelanger regelmäßiger starker Exposition standen. In vielen Fällen ist auch gar nicht einmal klar, ob tatsächlich Asbestfasern freigesetzt wurden. Am besten schickt man eine Material- oder Staubprobe ein. Sie ermöglicht eine eindeutige Aussage, ob das infrage kommende Material tatsächlich asbesthaltig ist. Sollte sich allerdings der Verdacht erhärten, dass in Ihrem Wohnumfeld jahrelang Asbestfasern in hoher Konzentration freigesetzt und eventuell eingeatmet worden sein könnten, ist der erste Ansprechpartner der Hausarzt. Er wird Sie gegebenenfalls an einen Lungenfacharzt oder Spezialisten für Arbeitsmedizin überweisen.

Künstliche Mineralfasern – KMF

Künstliche Mineralfasern sind anorganische Fasern. Dazu gehören zum Beispiel

- Mineralwolle (Glas-, Stein-, Schlackenwolle)
- Textile Glasfasern
- Hochtemperaturwollen (zum Beispiel Aluminiumsilikatfasern, frühere Bezeichnung: Keramikfasern)
- Fasern für Spezialanwendungen (Glasmikrofasern)

Rund 95 Prozent der Produktion an künstlichen Mineralfasern entfallen auf Mineralwolle und textile Glasfasern, 5 Prozent auf Aluminiumsilikatfasern und Glasmikrofasern. KMF werden als Ersatzstoff für Asbest eingesetzt und decken vergleichbare Anwendungsbereiche ab.

In der Europäischen Union sind Mineralwolle und Aluminiumsilikatfasern rechtlich verbindlich als krebserzeugend eingestuft. In Deutschland erfolgte die Umsetzung in nationales Recht durch das Chemikalienge-setz (ChemG), die Gefahrstoffverordnung (GefStoffV) und die Technischen Regeln für Gefahrstoffe (TRGS). Als krebserzeugend eingestufte Mineralwollen dürfen weder hergestellt noch verwendet werden (Chemi-kalienverbotsverordnung, Gefahrstoffver-ordnung). Um eine praktikable Unterschei-dung zu treffen, sind in Deutschland die Begriffe „Alte Mineralwolle" (gemäß TRGS 521) und „Neue Mineralwolle" eingeführt worden. Seit 2000 darf in Deutschland nur noch „Neue Mineralwolle" verbaut werden. Diese besitzt aufgrund ihrer besonderen Eigenschaften (zum Beispiel gute Biolös-lichkeit) ein deutlich geringeres Risikopo-tenzial. Solche biolöslichen Fasern und die daraus entwickelten Produkte können von den Herstellern mit dem RAL-Gütezeichen des „Deutschen Instituts für Gütesicherung und Kennzeichnung e. V." gelabelt werden.

Auf KMF können Sie unter anderem in folgenden Bereichen stoßen:

▶ Dämmstoffe, Brandschutzmatten, Brandschutztüren

▶ Technische Isolierungen (Wärme, Lärm), zum Beispiel an Anlagen, Komponenten und in Gebäuden
▶ Zementprodukte
▶ Lüftungseinrichtungen, Abgaskamine
▶ Elektrische Einrichtungen
▶ Dichtungen für Maschinen, Motoren, Generatoren, Ventile, Brandschutz-klappen
▶ Reibbeläge

Je nach dem Alter der Gebäude ist mit alten, das heißt möglicherweise krebsauslösenden Faserstoffen zu rechnen. Klarheit schafft hier wiederum eine Analyse durch fachlich versierte Experten, bevor der große Umbau oder die Renovierung beginnt.

▶ **Für Sanierungsarbeiten unter Asbest gilt grundsätzlich die „Technische Regel für Gefahrstoffe 519 – Asbest: Abbruch-, Sanie-rungs- oder Instandhaltungsarbeiten". Sie kann als PDF abgerufen werden unter www.baua.de/DE/Angebote/Rechtstexte-und-Technische-Regeln/Regelwerk/TRGS/ pdf/TRGS-519.pdf.**

Gesundheitsschutz beim Renovieren

Bevor das Renovieren in die Phase geht, in der neue Farben aufgetragen werden, müssen erst mal die alten herunter. Nicht immer, aber an bestimmten Bauteilen schon.

Besonders alte Lacke können nicht einfach überstrichen oder überlackiert werden. Das geht zwar auch, sieht aber am Ende selten zufriedenstellend aus. Spätestens nach der dritten oder vierten Lackierung sind aus den feinen Profilen der Türrahmen dicke Wülste geworden. Besonders an alten Fußleisten, Türen und Zargen steht man vor dem Problem: Renovierung light, kurz anschleifen und neuen Lack drüber? Oder alten Lack runter?

Es ist noch gar nicht so lange her, da sah man Heimwerker mit Lötlampen an Fenstern und Türen hantieren, um den alten Lack abzubrennen. Grundsätzlich ist der Einsatz von Wärme keine schlechte Idee; es muss ja nicht gleich offenes Feuer sein. Nicht nur wegen der Brandgefahr. Verbrennender Lack setzt auch Stoffe in die Raumluft und schließlich in die Atmosphäre frei, die gesundheitsgefährdend und umweltschädlich sind.

Man wendet heute zum Entfernen von Lacken unterschiedliche Methoden an. Ganz ungefährlich für Umwelt und Gesundheit sind sie alle nicht.

Lacke abbeizen? Lieber nicht!

Zur Disposition stehen zunächst synthetische Mittel. Die am wenigsten umweltverträgliche und gesundheitsschädlichste Methode ist die Anwendung von Abbeizmitteln, warnt das Umweltbundesamt.

Ätzende Abbeizmittel beseitigen alte Ölfarbanstriche und Alkydlacke mittels stark konzentrierter Laugen (Ätznatron), manchmal auch mit Säuren. Schutzbrille mit Sicherheitsgläsern und Seitenscheiben sowie Schutzkleidung und -handschuhe sind vorgeschrieben, wenn mit ätzenden Abbeizern gearbeitet wird. Die Lösungen wirken stark ätzend auf Augen oder Haut. Vorteil des Abbeizens: Die ursprüngliche Holzstruktur wird wieder sichtbar. Man benötigt weniger von den ätzenden Abbeizern, wenn man zuvor mit der Ziehklinge grob vorarbeitet, besonders dann, wenn man es mit mehreren Lackschichten zu tun hat. Vor urwüchsigen Methoden wie dem Aufbringen von Rohrreiniger und dem anschließenden Benetzen der Oberfläche kann nur gewarnt werden.

Auch lösende Abbeizmittel sind nicht ohne. Sie enthalten Lösemittel wie Azeton oder Methanol. Oft sind lösende Abbeizmittel abenteuerlich zusammengesetzte Gemische, auch Toluol kann aus solchen freigesetzt werden. Darum sollte man sie so sparsam wie möglich einsetzen. Sollten Sie nicht darauf verzichten können, achten Sie darauf, dass das Produkt keine giftigen Chlorkohlenwasserstoffe (CKW) enthält.

Eine mechanische Alternative sind einfache Abzieher: Messer mit einer speziell aufgebogenen Kante. Sie belasten Umwelt und Gesundheit verhältnismäßig wenig. Schleifgeräte sollten mit einem Staubsammler ausgestattet sein. Beim Arbeiten damit sollte unbedingt ein Atemschutz (Halbmaske mit Durchlässigkeit P2 oder P3) getragen werden. Auch beim Arbeiten mit dem Abzieher ist Atemschutz zu empfehlen.

Als thermisches Verfahren kommen Heißluftgebläse in Betracht. Bei Temperaturen von über 500 °C weichen die Lackschichten auf und lassen sich dann mechanisch meistens problemlos ablösen. Allerdings können dabei giftige Dämpfe entstehen, auch bei dieser Arbeit ist eine Atemschutzmaske zu empfehlen. Nicht ganz so perfekt wie gewünscht gestaltet sich mitunter das Auflösen von Acryllack. Außerdem können die Holzoberflächen bei den hohen Temperaturen der Heizgebläse auch schon einmal angesengt werden.

Vorsicht ist vor allem bei Lacken aus den 1950er- und 1960er-Jahren geboten. Bei diesen alten Lacken verwendete man Schwermetalle als Pigmente – der Klassiker ist Bleiweiß (siehe Seite 155) – und diese bleihaltigen Farbschichten können unter später aufgetragenen bleifreien Schichten verborgen sein. Daher sollte nur unter Atemschutz gearbeitet werden und die Schleifgeräte müssen eine Absaugvorrichtung haben.

Alle genannten Verfahren zur Beseitigung alter Lacke, so empfiehlt das Umweltbundesamt, „sollten nur im Freien angewandt werden. Ist das nicht möglich, muss unbedingt für eine gute Durchlüftung gesorgt sein! Abgelöste Lackreste können, vor allem wenn der Anstrich schon einige Zeit zurückliegt, giftige Substanzen enthalten und gehören daher zum Sonderabfall."

Es versteht sich von selbst, soll aber noch einmal ausdrücklich angefügt werden: Altholz oder Holzbauteile mit Lackresten dürfen nicht verbrannt werden, weder im heimischen Kamin noch beim Lagefeuer im Garten.

Empfehlungen zum Renovieren

▶ Beim Streichen und während der Trocknungsphase für eine gute Durchlüftung der Räume sorgen.

▶ Transportable Objekte möglichst im Freien streichen.

▶ Lacke und Farben besser mit Pinsel oder Rolle statt mit Spritzpistole oder Sprühgerät auftragen.

▶ Lacke nur versprühen, wenn Sie als Atemschutz einen Kombifilter der Klasse A2/P2 verwenden. Gute Durchlüftung ist besonders bei lösemittelhaltigen

Lacken angezeigt, da der Kombifilter A2/P2 leichtflüchtige Lösemittel nicht ausreichend zurückhält.

▶ Bei der Arbeit nicht rauchen oder essen; keine Lebensmittel im Arbeitsbereich stehen lassen.

▶ Augen und Körper sorgfältig vor Lackspritzern schützen. Schadstoffe können auch über die Haut in den Körper gelangen.

▶ Im Winter nach Renovierungsarbeiten kräftig heizen und gut lüften.

▶ Halten Sie sich während der Trocknungsphase möglichst nicht im renovierten Raum auf.

▶ Nach dem Arbeitsende oder vor Pausen Hände und verschmutzte Körperteile gründlich reinigen; auf keinen Fall Löse- und Verdünnungsmittel für die Körperreinigung verwenden.

▶ Bekommen Sie beim Umgang mit Lacken Kopfschmerzen, oder kommt Schwindelgefühl, Übelkeit oder Erbrechen auf, beenden Sie die Arbeit sofort. Sorgen Sie für eine bessere Durchlüftung und erholen Sie sich im Freien! Verschwinden die Beschwerden trotz besserer Lüftung und nach einer kurzen Erholungsphase nicht, suchen Sie einen Arzt auf.

Neue Bauprodukte

Geruchsbelästigungen sind oft ein erster Hinweis, dass mit den verwendeten Bauprodukten möglicherweise etwas nicht stimmt. Der Geruch einer Sache kann auch Indikator sein für andere Emissionen, die sich ruchlos anschleichen und der Nase nicht auffallen.

Gerüche im Innenraum bemerkt man glücklicherweise schnell. Dann hilft starkes Lüften – zumindest vorübergehend. Geruchsarme Bauprodukte gehören heute selbstverständlich zu den Kriterien der Gebäudezertifizierung.

Für Bauprodukte liegen sowohl auf nationaler als auch auf europäischer Ebene verschiedene rechtliche Regelungen vor, die den Schadstoffgehalt oder die Schadstoffemissionen begrenzen. Allein mit der Norm DIN ISO 16000 liegt ein ganzes Bündel von

Richtlinien zum Schutz der Innenraumluft vor, die vom Probenannahmeverfahren über die Geruchsbestimmung von Bauprodukten bis zur Bestimmung von abgelagerten Faserstäuben reicht. Darüber hinaus existieren weitergehende, freiwillige Instrumente zur Reduktion von Schadstoffen in Bauprodukten. Einen Überblick gibt die Seite www.umweltbundesamt.de/themen/wirtschaft-konsum/produkte/bauprodukte.

Verbraucherinnen und Verbraucher haben ein Recht, kostenlos Auskunft zu bekommen, ob in Bauprodukten besonders besorgniserregende Stoffe in Anteilen über 0,1 Prozent enthalten sind. Seit 1. Juli 2013 muss diese Information sogar alle Bauprodukte mit CE-Kennzeichnung aktiv begleiten.

Wie grün ist der Blaue Engel?

Als weltweit erstes Umweltzeichen ist der Blaue Engel seit 1978 die Kennzeichnung der Bundesregierung für umweltfreundliche Produkte und Dienstleistungen. Beim Blauen Engel geht es nicht allein um die Gesundheitsvorsorge, das Label umfasst auch wesentlich mehr als nur Bauprodukte. Die Vergabe orientiert sich an vier zentralen Schutzzielen: Gesundheit, Klima, Ressourcen und Wasser.

Außerdem werden jedes Jahr neue Kriterien für weitere Produkte erarbeitet. Das Umweltbundesamt in Zusammenarbeit mit Verbraucherschützern, Messinstituten und Herstellern fasst sie in Vergabegrundlagen zusammen. So tragen inzwischen auch ausgezeichnete Wärmedämmstoffe für den Innenausbau den Blauen Engel.

Besonders die Kennzeichnung für emissionsarme Produkte hat in den letzten Jahren an Bedeutung gewonnen. Immer mehr Hersteller nutzen diese freiwillige Kennzeichnung, um auf die Vorteile ihrer Produkte in Bezug auf Nachhaltigkeit, Umwelt- und Gesundheitsschutz hinzuweisen. So konnten mit dem Umweltzeichen emissionsarme Produkte aus Holz und Holzwerkstoffen nach umfangreichen Prüfungen ausgezeichnet werden. Bekannte Möbelprogramme, Laminatböden, Paneele und Linoleumböden tragen jetzt das Label. Weit verbreitet ist der Blaue Engel ferner für Dispersionswandfarben. Heute können Verbraucher bei den meisten Produktgruppen für die Wohnung auch emissionsarme Alternativen wählen.

→ Blauer Engel

Auf der Seite www.blauer-engel.de/de/produktwelt/bauen kann man sich über Einzelheiten zu den getesteten und ausgezeichneten Bauprodukten informieren. Wer nachvollziehen will, welche Vergabekriterien im RAL-Verfahren eine Rolle spielen, kann das exemplarisch anhand der RAL-UZ 176 tun. Das 17-seitige Dokument kann sowohl auf den Seiten des Umweltbundesamts als auch von anderen

> **ℹ** **Ein Bautagebuch wird üblicherweise** bei einem Neubau oder einer Altbausanierung oder -rekonstruktion geführt. Die Dokumentationspflicht gehört zu den wichtigsten Pflichten des Architekten oder des ausführenden Baubetriebs. Das umfasst auch die Dokumentation des verwendeten Materials. Im eigenen Interesse sollten Sie immer darauf bestehen, dass jederzeit nachvollzogen werden kann, was an welcher Stelle verbaut worden ist. Auch bei umfassenden Renovierungen sollten Sie das berücksichtigen.

Quellen heruntergeladen werden, zum Beispiel von www.eco-institut. de/fileadmin/contents/Nationale_ Pruefzeichen/BlauerEngel/176– 1301-d.pdf.

Der RAL – Deutsches Institut für Gütesicherung und Kennzeichnung e. V. (RAL ist das überlieferte Kürzel des früheren, 1925 gegründeten „Reichsausschusses für Lieferbedingungen) organisiert die Expertenanhörungen und führt dabei den Vorsitz. Er nimmt Anträge der Hersteller entgegen und prüft sie. Im positiven Fall schließt der RAL einen Zeichennutzungsvertrag mit dem Hersteller. Der darf dann mit dem Blauen Engel auf seinem Produkt und für sein Produkt werben.

Allerdings muss auch gesagt werden: Der Blaue Engel ist kein Zeichen, das die vollständige Unbedenklichkeit eines Produkts bescheinigt. Das ist weder beabsichtigt noch überhaupt möglich, schon allein weil neue

Erkenntnisse gewonnen werden und ständig neue Risikoabschätzungen getroffen werden müssen. Herausgestellt wird aber, dass die Produkte mit dem Blauen Engel umweltfreundlicher und gesünder sind als andere Produkte der jeweiligen Produktgruppe.

Insbesondere ist zu beachten: Der Blaue Engel stellt kein Gütesiegel für das Gesamtprodukt dar. Vielmehr hebt das Label bestimmte Eigenschaften hervor, die hauptsächlich den Umweltschutz betreffen. Wer ein Produkt kauft, muss also auch den „Untertitel" beachten, der im Zusammenhang mit dem Logo angebracht ist, etwa „Der Blaue Engel, weil emissionsarm", oder „Der Blaue Engel, weil aus 100 % Altpapier" und Ähnliches. Eigenschaften, die von den Vergabekriterien nicht erfasst werden, bleiben ungeprüft und werden für die Vergabe nicht berücksichtigt.

Beachtet werden sollte auch, dass Produkte aus unterschiedlichen Gründen den

Kann Orientierung bieten
Der Blaue Engel – das Umweltsiegel der
Bundesregierung

Blauen Engel nicht tragen, obwohl sie hinsichtlich des Gesundheitsschutzes und der Umweltverträglichkeit durchaus dafür qualifiziert wären. Denn der Blaue Engel wird nur auf Antrag vergeben und mancher Hersteller beantragt ihn – aus welchen Gründen auch immer – einfach nicht. Das bedeutet im Umkehrschluss aber nicht, dass diese Produkte von vornherein als weniger gesund oder umweltfreundlich anzusehen wären, nur weil sie das staatlich geförderte Siegel nicht tragen.

Besondere Aufmerksamkeit im Zusammenhang mit gesundem Wohnen verdient der Blaue Engel auf Bauprodukten.

Anforderungen des Blauen Engels an Bauprodukte

▶ **Bindemittel –** Anstrichstoffe (Farben), die mit dem Blauen Engel gelabelt sind, dürfen keine Bindemittel mit Weichmachern aus der Gruppe der Phthalate enthalten. Sie könnten in die Raumluft ausgasen und die Gesundheit beeinträchtigen. Bei Bindemitteln für Lacke und Lasuren gelten für den Gehalt an Rest-

monomeren, die allergieauslösend wirken können, strenge Grenzwerte.

▶ **Pigmente –** Nur solche Anstrichstoffe verdienen sich einen Blauen Engel, deren Pigmente keine krebserzeugenden und umweltgefährdenden Stoffe enthalten, als da wären Blei-, Cadmium- und Chrom(VI)-Verbindungen. Lediglich kleinste, unvermeidliche Verunreinigungen sind zulässig.

▶ **Lösemittel –** Wandfarben mit dem Blauen Engel dürfen höchstens 0,07 % VOC (flüchtige organische Verbindungen) enthalten. Lacke und Lasuren benötigen für eine stabile Oberfläche allerdings mehr von diesen Substanzen. Um sich den Blauen Engel zu verdienen, dürfen diese Produkte aber höchstens 10 % VOC enthalten. Schwerflüchtige Verbindungen (SVOC), die länger in der Raumluft verbleiben, werden strenger bewertet. Zum Beispiel werden Einzelstoffe toxikologisch bewertet.

▶ **Hilfsstoffe –** Die Anforderungen des Blauen Engels verbieten die Verwendung von wassergefährdenden Stoffen (zum Beispiel Alkylphenolethoxylate) und gesundheitsschädlichen Weichmachern (Phthalate) als Hilfsstoffe. Um Allergien zu vermeiden, dürfen als Konservierungsmittel nur bestimmte toxikologisch geprüfte Stoffe in begrenzten Mengen eingesetzt werden.

▶ **Kleber** – Lösemittelhaltige Klebstoffe sind heute allgemein „out". Wasserverdünnbare Kleber, die heute verwendet werden, sind aber nicht automatisch schadstofffrei. Verschiedene schwerflüchtige organische Verbindungen, die über lange Zeiträume aus den Klebstoffen ausdünsten können und die unter anderem für den Foggingeffekt (siehe Seiten 45 ff.) verantwortlich gemacht werden, dürfen aber in Klebern mit dem Blauen Engel auch nicht mehr verwendet werden.

Farbe ist nicht gleich Farbe

Bei Farben, Lacken und Lasuren kommt es nicht nur auf den Farbton an, sondern vor allem auf die Inhaltsstoffe.

→ **Mit Farben sind hier** stoffliche Farbmittel gemeint, also überwiegend Wandfarben auf der Basis von Dispersionen – sogenannte Dispersionswandfarben. Eine Dispersion ist ein heterogenes Gemisch aus mindestens zwei Stoffen, die sich nicht ineinander lösen und die sich auch nicht chemisch miteinander verbinden. Farben werden vorzugsweise zur Gestaltung und zum Schutz der Oberflächen von Decken und Wänden auf mineralische Untergründe (Putzflächen) oder Tapeten aufgebracht.

Lacke schützen – neben der farblichen Gestaltung – Oberflächen vor Witterung, Feuchtigkeit, mechanischen Belastungen und Chemikalien. Ein Lackfilm ist luft- und wasserundurchlässig. Pulverlacke kommen ohne Lösemittel aus.

Lasuren dienen der Beschichtung von Holzoberflächen. Sie lassen wegen ihres geringeren Gehalts an Pigmenten und Bindemitteln die Oberflächenstruktur des Holzes noch durchscheinen.

In Farben, Lacken und Lasuren sind hauptsächlich vier Gruppen von Inhaltsstoffen enthalten.

❶ Bindemittel bilden nach der Trocknung den Anstrichfilm; sie bestehen aus langkettigen und oft auch vernetzten Molekülen.

2 Pigmente verleihen dem Anstrichstoff (und damit später auch der gestrichenen Fläche) den gewünschten Farbton.

3 Lösemittel sorgen dafür, dass Bindemittel und Pigmente sich in einer Lösung befinden, die den Anstrichstoff streich- bzw. sprühfähig macht.

4 Additive (Zuschlag- oder Hilfsstoffe) werden dem Anstrichstoff in kleinen Mengen zugegeben, um bestimmte Verarbeitungs- und Gebrauchseigenschaften zu erzielen.

Herkömmliche Dispersionsanstriche auf Acryl- oder Kunstharzbasis sowie Latexfarben enthalten Lösemittel, Bindemittel, Weichmacher, Konservierungsmittel und andere chemische Zusatzstoffe. In der Regel sind es flüchtige organische Verbindungen, die im Trocknungsprozess in die Raumluft entweichen. Manche verbinden den Geruch nach frischer Farbe mit Neuigkeit, Unversehrtheit und Erstbezug. Für empfindliche Nasen und Allergiker bedeutet der Geruch aber möglicherweise, dass das Wohlbefinden beeinträchtigt ist. Manche reagieren sogar mit Kopfschmerzen und Übelkeit.

Viele Hersteller haben sich darauf bereits eingestellt. Sie bieten spezielle reizstoffreduzierte Produkte an. Besonders Allergiker profitieren davon. Aber auch für die Renovierung des Kinderzimmers können solche reizstoffreduzierten Farben die erste Wahl sein. Das Umweltbundesamt rät Verbrauchern ausdrücklich, nur zu nachweislich emissionsfreien Wandfarben zu greifen. Gütesiegel wie etwa der Blaue Engel helfen bei der Orientierung.

Auch das EU-Ecolabel, die sogenannte Euroblume, ist anzutreffen. Seit 1985 werden in Deutschland Farben nach dem E.L.F.-Standard angeboten. Das Kürzel steht für emissionsarme und lösemittelfreie Farben. Seit jüngster Zeit wird beim Standard E.L.F. plus zusätzlich noch auf chemische Konservierungsmittel verzichtet.

Wer noch einen Schritt weitergehen will, kann echte Naturfarben verwenden. Diese kommen komplett ohne synthetische Reizstoffe aus. Stattdessen enthalten sie emissionsarme, mineralische oder nachwachsende Materialien wie Leinöl oder Baumharze als Bindemittel und Fruchtöle, Terpene oder Alkohol als Lösemittel. Statt synthetischer Pigmente setzen diese Farben auf Erd- und Mineralpigmente sowie Pflanzenfarbstoffe. Im Gegensatz zu herkömmlichen Dispersionsfarben sind Naturfarben meist diffusionsoffen, das heißt, sie nehmen Schadstoffe und Feuchtigkeit auf. Naturharzdispersionen verwenden pflanzliche Bindemittel. Leimfarben nutzen Leim als Bindemittel und Wasser als Lösemittel. Kaseinfarben verwenden Bindemittel, die auf Milchsäuren zurückgehen. Ihnen müssen allerdings Hilfsstoffe zugesetzt werden, weil Kaseinleime auch bei Bakterien und Schimmelpilzen beliebt sind. Kalk- und Silikatfarben bilden die besondere Gruppe der Mineralfarben, die der beste Schutz gegen Schimmel sind.

Weiterführende Literatur

Bachmann, Peter/Lange, Matthias (Hg.):
Mit Sicherheit gesund bauen
Fakten, Argumente und Strategien für das
gesunde Bauen
Springer Vieweg, Wiesbaden 2012

Fischer-Uhlig, Horst:
Raumklima & Lüftung der Wohnung
Wege zum Wohlfühlen, Bauliche Vorausset-
zungen, Richtiges Verhalten
Blottner, Taunusstein 2009

Gärtner, Gabriele:
Schimmelschäden und Feuchtigkeit
Ursachen – Prävention – Sanierung
WEKA MEDIA GmbH & Co. KG, Kissing 2016

Kalcher, Herbert K.:
Feuchtigkeitsschäden im Haus
Ursachen erkennen, Schäden beseitigen
Blottner, Taunusstein 2009 (Kindle Edition)

Künzel, Helmut:
Wohnhygiene und Wärmedämmung
Die Geschichte unserer Wohnkultur
Fraunhofer IRB Verlag, Stuttgart 2016

Lotz, Antja/Hammacher, Peter:
Schimmelschäden vermeiden
Bauphysikalische Grundlagen – Analyse
und Ursachen – Hinweise zur Vermeidung
und Sanierung
Fraunhofer IRB Verlag, Stuttgart 2008

Schneider, Markus/Schneider, Margareta/
Guggenberger, Michael:
Das Reinheitsgebot fürs Haus
Schadstofffrei bauen – gesund wohnen
Lean Media Verlag, Landshut 2012

Distler, Doris:
Möbel kaufen
Qualität erkennen
Stiftung Warentest, Berlin 2014

Stichwortverzeichnis

A

Abbeizmittel 162
Abfallbehälter reinigen 120
Abfluss, verstopfter 129
Abflussreiniger 129
Abflusssiebe 129
Abzieher 163
Actinomyceten 38
Additive 169
Aktivchlor 40
Aloe vera 67
Aluminiumsalze 127
Aluminiumsilikatfasern 160
Ameisen 105
Antoniusfeuer 38
Arbeitsplatz 61
– Belüftung 90
– ergonomische
    Ausstattung 90
– Kriterien 88
– Lichtverhältnisse 90
– Tageslicht 88
Arbeitsplatzgrenzwert
    (AGW) 62
Arbeitsschutzgesetz 62
Arbeitsstättenverordnung 89
Asbest 61, 155
– Elektrogeräte 157, 159
– entsorgen 159
–, fest gebundener 157
– Gefahren 156
– Sanierungsarbeiten 161
–, schwach gebundener 156
Asbestkontakt 160
Asbestsanierung 157
Asbestzement 159
Atemschutz 163
Ätzkali 129

Ätznatron 129
Aufzugsschächte 144
Auskunftsrecht für
    Verbraucher 148
Ausschuss für Gefahrstoffe
    (AGS) 62
Außenluft 56

B

Bad 124
– Kosmetika 125
– lüften 131
– Schimmel 124
– Unfallgefahren
    vermeiden 124
– Wandmaterial 131
Badreinigungsmittel 128
Bakterien 38, 120
Bauprodukte 59
– Blauer Engel 167
–, natürliche 60
–, neue 61, 164
– Richtlinien 165
–, traditionelle 60
Bauproduktenverordnung 60
Baustoffe 21
–, asbesthaltige 157
–, gesundheits-
    gefährdende 148, 150
– kaufen 63
Bautagebuch 166
Bedarfslüfter 76, 100
Behaglichkeit 12
Belüftungsanlage,
    dezentrale 50, 100
Berliner Lüftung 77

Beschichtung,
    antibakterielle 118
Bett machen 107
Bettwanzen 111
Bettzeug 102
Bildschirmarbeitsplätze 89
Bindemittel 168
Birkenfeige 67
Blattfahne 68
Blauer Engel 32, 63, 165
Blei 155
Bleileitungen 154
Bleirohr 155
Bleiweiß 155, 163
Borax 42
Boston-Farn 68
Bundesanstalt für Arbeits-
    schutz und Arbeitsmedizin
    (BAuA) 62
Bürogeräte 33

C

Carbolineum 151
CE-Kennzeichnung 148, 165
Chemikalien 21
–, Umgang mit 42
Chlorparaffine 94
CO_2 (siehe auch Kohlen-
    stoffdioxid)
Cushion-Vinyl-Beläge 157

D

Dachstuhl, Schädlinge 139
Dampfreiniger 26
Dampfsauger 27
Dermatitis, allergische 37

Desinfektionsmittel 121
Deutsches Institut für Güter-
    sicherung und Kennzeich-
    nung (RAL) 63, 166
Dichlordiphenyltrichlorethan
    (DDT) 151
DIN 5034 (Leitsätze zur
    Tagesbeleuchtung) 83, 89
Dispersionsanstriche 169
Dispersionswandfarben
    (siehe auch Farben)
Dortmunder Lüftung 77
Drachenbäume 67
Dunstabzugshaube 100, 115
Durchzuglüften 74
Dutzend, dreckiges 152

E

E.L.F.-Standard 169
Efeutute 68
Einblatt 68
Energieeinsparverordnung
    (EnEV) 78
Essigessenz 42
Essigreiniger 128
Essigsäure 42
EU-BauPVO 60
EU-Ecolabel /
    Euro-Blume 63, 169
Europäisches Testzentrum für
    Wohnungslüftungsgeräte
    (TZWL) 80
Exhauster 137

F

Farben 168
– Inhaltsstoffe 168
– , reizstoffreduzierte 169

Feinstaub 29
– Auswirkungen 29
– in der Wohnung 31
– , inhalierbarer 29
– , primär emittierter 29
– , sekundär gebildeter 29
Feinstaubbelastung
    reduzieren 34
Feinstaubfilter 34
Feinstaubquellen 30
Fenster 83
– Hitze-/Lichtschutz 84
– Kälteschutzwirkung 83
Fensterläden 84
Feuchterückgewinnung 78
Feuchteschutzstufe 79
Ficus benjamina 67
Filter, fotokatalytische 69
Filterpflanzen (siehe auch
    Pflanzen)
Fleisch, rohes 119
Flexplatten 158
Fluorchlorkohlenwasserstoffe
    (FCKW) 152
Fluoridsalze 127
Fogging-Effekt 45
– Auswirkungen 49
– Ursachen 45, 47
– Vorbeugung 49
– Zuständigkeit für
    Beseitigung 51
Formaldehyd 61, 152
Friedenslilie 68
Fuchs 145
Fußbodensanierung 149

G

Gefahrstoffe 62
Gefahrstoffverordnung 62

Geprüfte Sicherheit-Label 95
Gerüche 92
Geschirr reinigen 118
Geschirrspülmaschine 118
Gesundheit, Definition 18
Gesundheitsgefährdung
    durch Wohnraum 17
Gifte 152
Grünlilie 67

H

Halbmetalle 154
Hämorrhagie, diffuse
    pulmonale 38
Handtücher 119, 123
Hausmaus (siehe auch Maus)
Hausschuhe 23
Hausstaub (siehe auch
    Staub)
Hausstaubmilben (siehe
    auch Milben)
Heißluftgebläse 163
Heizkörperverkleidun-
    gen 158
Heizlüfter 138
HEPA-Filter 69
Herdschutzgitter 123
Hitze- und Lichtschutz 84
Holzfeuchte-Messgeräte 33
Holzschädlinge 139
Holzverbrennung 31
Hygiene, Küche 117
Hygienereiniger 120
Hyphen 36

I

Innenraumluft 53, 54
– Einflussfaktoren 56

– Leitwerte 55
– Pflanzen 64
– Richtwerte 54
Innenraumlufthygiene-
    Kommission (IRK) 54
Ionisatoren 70
Isopropylalkohol 40

J & K

Javelwasser 40
Kaffeemaschine
    reinigen 116
Kälteschutz 83
Kaminofen 31, 159
Keime 120
Keller 133
– , feuchter 134
– heizen 137
– lüften 134, 136
– Luftfeuchtigkeit 136
– Temperaturkontrolle 135
– trockenlüften 136
Kellerasseln 105
Kellerfenster 144
Kennzeichnung für emissi-
    onsarme Produkte 165
Kindersicherungen 123
Kipplüften 73
Kleidermotten 110
Kleinfeuerungsanlage (siehe
    auch Kaminofen)
Kohlenstoffdioxid 66, 100
– Grenzwert 99
Kohlenwasserstoffe 58
– , aromatische 58
– , kettenförmige 58
– , polyzyklische aromatische
    (PAK) 93
Kölner Lüftung 77
Komfortfeuerstätten 31

Komposthaufen 145
Kosmetika 125
– , gesundheits-
    gefährdende 126
Krankheit 17
– , pilzbedingte 37
– , umweltbedingte 17
Küche 113
– Ergonomie 116
– Hygiene 117
– , keimfreie 120
– Klima 115
– Schimmel 114
– Unfallgefahren
    vermeiden 122
Küchenmaterialien 117
Küchenreinigungsmittel 120
Kühlschrank reinigen 120

L

Lacke 168
– , alte 163
– entfernen 162
Laserdrucker 34
Lästlinge 105
Lasuren 168
Latexfarben 169
Lebendfallen 143
Licht (siehe auch Tageslicht)
Lichtquellen, künstliche 87
Lichttemperatur 87
Lichtverhältnisse 83
Lindan 151
Lösemittel 169
Luft, abgestandene 99
Lüften 72
– Bad 131
– Faktoren 76
– Keller 134
– Kipplüften 73

– , kontrolliertes 78, 100
– Mythen 101
– Querlüften 74
– Schachlüften 76
– Stoßlüften 73
– Trockenlüften 74
– Vorkehrungen 75
– Zuständigkeit 81
Luftfeuchtigkeit, relative 102
Luftreiniger 69
– mit Filtersystemen 69
– Pflanzen 67
Luftreinigung, natürliche 64
Luftreinigungssysteme 69
Luftschacht 76
Lüftungs- bzw. Entlüftungs-
    system, intelligentes und
    automatisches 137
Lüftungsanlage 79
– , hygrostatisch
    gesteuerte 80
– mit Wärmerück-
    gewinnung 79
– , zentrale 100
Lüftungsgeräte,
    dezentrale 49, 100
Lüftungskonzept
    (DIN 1946–6) 79
Lüftungstechnik 78
Lüftungszeiten 76
Luftwäscher 70
Luftwechselrate 76
Lungenblutung 38

M

Magic Dust (siehe auch
    Fogging-Effekt)
Markisen 84
Matratzen 104
Maus 143

Mausefallen 143
Metallbetten 103
Metalle 154
Milben 105
Milben-Allergie 107
Mineralfasern, künstliche
    (KMF) 160
Mineralwolle 160
MOAH (Aromatische
    Mineralöl-Kohlenwasser-
    stoffe) 125
Motten (siehe auch
    Kleidermotten)
Müll 143
Mykotoxine 36
Myzel 36

N

Nagetiere 143
Nasszellen 159
National Air Standard for
    Particulate Matter 29
Naturfarben 169
Naturstoffe 58
Neutralreinigern 120
Norm DIN ISO 16000 164
Norm ISO 9296 90

O

Organic Dust Toxic
    Syndrome (ODTS) 38
Ozon 70
Ozongeneratoren 70

P

Pentachlorphenol (PCP)
    61, 153
Pflanzen 64, 67

– Arten für Luftreinigung 67
Pharaoameisen 111
Phtalate 94
Pigmente 169
Pilze, imperfekte 35
Pilzgifte 38
Pilzinfektionen (Mykosen) 37
PM-Standard 29
Polychlorierte Biphenyle
    (PCB) 61, 153
Polyzyklische aromatische
    Kohlenwasserstoffe
    (PAK) 153
Pömpel 129
Pressluft-Rohrreiniger 130
Produkte 5992
–, emissionsarme 165
– Vorsichtsmaßnahmen 92
Putzen 24
PVC-Fußbodenbeläge 24

Q & R

Querlüften 74
Radon 58
RAL-Verfahren 165
Ratten 144
Rauchen 56, 150
Räume, fensterlose 76
Raumentfeuchter 137
Raumklima 12, 15
– Faktoren 76
Raumluftfeuchtigkeit,
    optimale 102
Raumluftvolumen 76
Raumtemperaturen,
    empfohlene 14
Reaktionen, toxische 37
Reiniger 69, 120
– mit elektrostatischem
    Filter 69

–, säurefreie 128
Reinigungsmittel,
    antibakterielle 120
Renovieren 147
– Gesundheitsschutz 162
– Tipps 163
Rhinitis, allergische 37
Rhinosinusitis,
    chronische 37
Risikopotenziale im
    Wohnraum 21
Rohrreinigungswelle 130
Rohrzange 130
Rollläden 84
Rollladenkästen 144
Rückstauklappen 145

S

Salutogenese 19
Sanieren 147
Saugglocke 129
Schaben 108
Schachtlüften 76
–, elektrisches 77
Schädlinge 105, 139
Schadstoffe 21
–, anorganische 21
– Arten 21
–, biologische 21
–, organische 21
Scheibenrollos 85
Scheidenblatt 68
Schimmel 35
–, arbeiten mit 39
– Auswirkungen 36
– Bad 124
– Chemikalien gegen 40
– Grenzwerte 39
– im Blumentopf 38
– Küche 114

–, Mittel gegen 40
– Nutzen 35
– Wachstumsfaktoren 43
Schimmelallergien 37
Schimmelbefall, Vorgehens-
weise 43, 74
Schimmelgeruch 37
Schimmelpilz (siehe auch
Schimmel)
Schimmelpilzgifte 36
Schimmelpilz-Sanierungs-
leitfaden 40
Schimmelsporen 39
Schlafen 97
– geschlossene Fenster 98
– Kleinkinder 98
– offene Fenster 99
Schlafklima 97, 102
Schlafzimmer 97
– abdunkeln 85
– heizen 104
– Mythen 103
Schlagfallen 143
Schleifgeräte 163
Schneidebretter 117, 119
Schwarzschimmel 35
Schwarzstaub (siehe auch
Fogging-Effekt)
Schwebestaub, thorakler
(siehe auch Feinstaub)
Schweißpappen 159
Schwermetalle 154
Semi Volatile Organic Com-
pounds (SVOC) 47, 58
Sick-Building Syndrom 87
Silberfischchen 105, 107
Sonnenschutzfolie 84
Spachtelmassen,
asbesthaltige 158
Spiegel im Schlaf-
zimmer 103

Spinnentieren 105
Spirale 130
Spülbürsten 119
Staub 22
–, alveolengängiger (siehe
auch Feinstaub)
– Entstehungsfaktoren 22
– reduzieren 23
– Schlafzimmer 102
Stauballergie 106
Staubquellen 22
Staubsauger 23, 25
Steckenpalme 68
Stoßlüften 73
Stromunfälle im Bad 125

T
Tabakrauch 56
Tageslicht 86
– Bildschirmarbeitsplätze 88
– Mangel 87
– nutzen 87
Tageslichtquotient 83
Taubenzecken 139
Teppich reinigen 24, 26
Teppichkäfer 110
Toiletten 145
Tollwut 145
ToxFox 127
TRGS 519 161
Trockenlüften 74
Türspalten 144

U
Umweltmedizin 17
Unfälle 122, 124
U-Wert 83

V
Verschattung 83
Very Volatile Organic
Compounds (VVOC) 58
Vinyl-Bodenbeläge 157
Volatile Organic Compounds
(VOC) 37, 57
– erkennen 63
vPvB-Stoffe 148

W
Wand, schwarze (siehe
auch Fogging-Effekt)
Wärmedurchgangs-
koeffizient 83
Wärmerückgewinnung
78, 79
Wärmestrahlung 87
Waschsauger 28
Wasserstoffperoxid 40
Wespen 141
Wohnen 12
– früher 13
–, gesundes (siehe auch
Wohngesundheit)
– heute 14
Wohngesundheit 12, 20
– beeinflussen 20
Wohnraumbestandteile,
asbesthaltige 158
Wohnungsgefährdungs-
analyse 16

Z
Zahncreme 127
Zimmerbrunnen und
-springbrunnen 70
Zink 127

Dieses Buch erfüllt die Anforderungen des „Blauen Engels" für Druckerzeugnisse. Das bedeutet unter anderem: Es wurde auf 100 % Recyclingpapier mit mineralölfreien, schadstoffarmen Farben gedruckt, und im Vergleich zu gängigen Druckprozessen entstanden beim Druck dieses Buches besonders wenige Emissionen und Papierabfälle. Gedruckt wurde es in Deutschland, um den CO_2-Ausstoß gering zu halten.

© 2017 Stiftung Warentest, Berlin

Stiftung Warentest
Lützowplatz 11–13
10785 Berlin
Telefon 0 30/26 31–0
Fax 0 30/26 31–25 25
www.test.de
email@stiftung-warentest.de

USt-IdNr.: DE136725570

Vorstand: Hubertus Primus
Weitere Mitglieder der Geschäftsleitung:
Dr. Holger Brackemann, Daniel Gläser

Programmleitung: Niclas Dewitz
Autor: Thomas Wieke
Projektleitung/Lektorat: Uwe Meilahn
Mitarbeit: Merit Niemeitz
Korrektorat: Hartmut Schönfuß, Berlin
Fachliche Unterstützung: Dita Kemrová, Olaf

Gratzke (LOH Rechtsanwälte, Berlin), Ekkehardt Weyrauch (Architekt), Berlin
Titelentwurf: Josephine Rank, Berlin
Layout: Büro Brendel, Berlin
Grafik, Satz: FÖRM – Büro für Gestaltung, Berlin
Illustrationen: FÖRM – Büro für Gestaltung, Berlin (S. 32)
Bildredaktion: FÖRM – Büro für Gestaltung, Berlin
Bildnachweis: iStock (Umschlagklappe vorne), fotolia / Getty-skynesher (Titel); fotolia (Umschlagrückseite); shutterstock (S.10, 24, 25, 33, 36, 57, 89, 112, 130 links, 132, 144 links); fotolia (S. 52, 66, 67, 68, 72, 80, 95, 96, 106, 107, 126, 130 rechts, 144 rechts, 147, 155, 156, 160); thinkstockphoto, Jacob Ammentorp Lund (S. 38); Walter Felder, Sachverständiger Kleinmachnow (S. 46), Kai Oesterreich, Wikipedia/Commons, CC-by-CA (S. 151 links), Mätes II., Wikipedia/Commons, CC-by-CA (S. 151 rechts)

Produktion: Vera Göring
Verlagsherstellung: Rita Brosius (Ltg.), Susanne Beeh, Romy Alig
Litho: tiff.any, Berlin
Druck: Bonifatius GmbH

ISBN: 978-3-86851-469-8